慣到性格養成，

極人生的十步法則

陳 編著

叮咚！您的
笑容快遞
已抵達
Smile Express

實用小技巧，天天心情好！
從負面情緒到積極心態的養成方法

讓快樂在你生活的每個角落流轉
從認識自我到營造和諧家庭的幸福之道

目錄

目錄

上篇　不被情勢牽著鼻子走——根除煩惱的毒苗

人類的群居生活衍生出了人與人之間錯綜複雜的關係，也衍生出了百味人生。旁觀者清，當局者迷。當跳出熙熙攘攘的人類社會、回歸寧靜之後，我們會發現，形形色色的事情導致的憂愁牽拉著我們的鼻子，撥弄著我們發疼的神經，吞噬著我們的健康。因此，我們不要被生活中的點點滴滴所左右，要徹底脫離情勢帶給我們的困擾。

第一章　立即脫離猶豫的藩籬——讓你的壞情緒灰飛煙滅

隨著社會節奏的加快、競爭的激烈，由於已經變成一種很普通的心理疾病，他不僅是一種很嚴重的負面情緒，更是一種非常嚴重的心理障礙。深度的憂鬱比痛苦、慚愧、悲傷等任何一種負面情緒更具有殺傷力。

為什麼會憂鬱

憂鬱是一種十分消極的負面情緒，它可以讓你有事可做，令人動彈不得的同時，又被消磨掉了意志，卻沒有任何成效。憂鬱的「前身」是悶悶不樂，但如果屢碰楣氣，當它成為一種習慣的時候，就如同有了破口的河堤，一發而不可收，任由它的擺布。

人是唯一具有意識和情緒化的高級動物。不同於其他動物的是，人具有自己的思想感情和生活追求，即七情六欲。一個人只要活著，就會對周圍的事物產生看法，其中夾雜著自己的喜怒哀樂，透露著我們的喜好或厭惡。當失去親人和朋友、與別人為某事而大動干戈、遭受批評或過於後悔而自責時，我們就會心情不愉快，產生低落情緒、入睡困難、坐臥不安等憂鬱現象。

在生活中，事情不能總是按照我們的想法發展，一旦不符合我們的希望，我們可能就會感到失望、憂鬱。所以，每個人都有憂鬱的時候。比如，富裕的人為自己的財富增值而憂，貧窮的人為購買所需物資而憂；貌美的人為自己的容顏衰老而憂，醜陋的人為自己的長相而憂……

上面的憂鬱都是短暫、輕微的，都是人類為了自己的價值觀進行追求的需要。通常，人在經過短暫的憂鬱過後，就很快變得正常起來。

其實，適度的憂鬱有助於提高防備的意識，從而喚起累積的行動，去克服各種困難、解決各種問題。正如孟子所說：「生於憂患，死於安樂。」這其實並不是讓我們整日憂心忡忡，而是要積極主動地追求自己的目標。

目標的實現不僅使我們得到了所追求的事物，還讓自己有了某種成就感，這讓我們感到很快樂、幸福。但這種快樂和幸福似乎是非常短暫的，新的追求和煩惱又接踵而來。

因此，在這個高度發達的文明世界裡，人們的快樂感並沒有因此增加多少。相反，有些人的快樂感還不如以前，這成了擺在人們面前急需解決的人生難題。哪些人容易憂鬱呢？

（1）失去親人的人。一些人一旦失去親人，就失去了親情和依靠，造成心理上的真空，導致一時無法適應未來的生活。

（2）經常在工作中遭受批評的員工。一些員工如果經常在工作中遭受領導的批評和大家的孤立，性格就會日漸變得憂鬱。

（3）家庭不和睦。生活在家庭暴力中的家庭成員，長時間遭受家庭成員的虐待，心理倍感失落而無助，就常常會感到憂鬱。

（4）處於更年期的女性。這個年齡段的婦女通常上有老，下有小，青春不再，承受著工作和家庭兩方面的壓力。她們處於更年期激素水準的波動階段，身體可能隨時會出現某種不適，加上不斷上升的精神壓力，在工作上難以競爭過精力充沛的年輕女性，很容易憂鬱。

（5）壓力大、不善於溝通的人。這些人通常精力處於高度緊張狀態，不善於溝通，致使這種狀況得不到釋放，就會感到憂鬱。

現在，快節奏的競爭生活使人們身上的擔子和壓力越來越大。有數以千計的人疲於奔命於生活之中，在複雜的人際交往面前，一不小心就會「心靈受傷」，陷入無法自拔的境地。處於亞健康狀態的人群中，憂鬱者占了亞健康狀態的大部分比重。

對同一件不愉快的事件，每個人的憂慮是不一樣的，即反應的程度不一，對待的方式也不一。有的人遭遇失敗和不幸時，經過短暫的憂鬱後，透過調整自己的情緒，能夠很快從憂鬱中走出來；有的人對自己的付出和損失卻耿耿於懷，終被憂鬱所累。

但是，大部分人不會主動消除憂慮情緒。長期憂慮的最大惡果是導致很多人患了胃潰瘍、心臟病、失眠等疾病。頭痛醫頭、腳痛醫腳，很少有人去克服自己的憂鬱。通常，中國民眾往往只會注重一些表面上的症狀卻忽視了精神上的源頭因素。

美國著名成功學家卡內基在他著的《人性的優點》一書中說，「不要為明天而憂慮，因為明天還有明天憂慮；一天的各種困境讓一天承擔就足夠了。」他還說：「無論如何都要為明天早做打算，深思熟慮，但不要焦慮不安。」

憂鬱儘管可以纏繞人的精神，但它並不是不可克服的。當產生了憂慮的不良情緒之後，可以透過自我調節的方法進行調節治療，方法如下。

(1)真實地表達出自己的情感，弄清自己到底是在哪裡出了問題。

(2)學會分析自己的擔憂是否有道理，是否值得？找出一些克服的方法，限定自己為這些事憂慮的最後期限，而不要把它們放到心裡。

(3)尋求自己新的計畫和目標。可以透過一些娛樂活動，如長跑、跳舞、郊遊和游泳等。還可以多參加一些社交活動，經常與親朋好友聚會等。

總之，憂鬱是最具殺傷力的負面情緒。當一個人憂鬱的時候，他會在工作或學習中注意力不集中，記憶力減退，思維緩慢，自我評價降低，無形中給自己加了一道牆壁，把自己徹底地孤立和封閉起來。嚴重時，憂鬱者會發展成為憂鬱症患者。憂鬱症則是精神疾病的一種，患者常常出現心理壓抑、鬱悶、沮喪、反應遲鈍和萎靡不振等憂鬱症狀，甚至會出現自殺傾向。生活中的例子不勝枚舉，接下來的一節著重談談憂鬱的最終惡果——憂鬱。

憂鬱猶如毒蛇纏身

長期憂鬱的結果導致憂鬱症。憂鬱症初期患者如果得不到及時有效治療的話，心靈所承受的痛苦會越來越大，很可能就會發展成為中度或重度的憂鬱症患者。這時，患者和現實生活嚴重脫節，工作失敗，常常會毫無徵兆地產生自責感，對人生喪失信心，甚至會做出一些極端的事情來。

憂鬱症是一種比較常見的心理障礙，以患者的心理持續低落、思維遲緩、意志活動減退為主要臨床特徵。現在，憂鬱症成了世界上最為常見的心理疾病之一，它表現為：以持續的心理低落為特徵，對生活缺乏興趣，對前途悲觀失望，陷入一種絕望的心理境地而不能自拔。有人把它比作「心靈的感冒」，其實它比感冒更難以擺脫，它會導致精神的沉溺，使人欲罷不能，牢牢纏住所有光臨它的人們。

患上憂鬱症的人經常感到莫名其妙的疲憊，休息後卻不能得到緩解。通常，憂鬱患者走路一多就感覺到累，平時容易急躁，對事物的興趣明顯減弱，懶得去做家事，甚至對自己喜歡的事情也提不起興趣，表現為低落、消極的負面情緒。在心理上，他們對理想的理解總是不現實的，認為世界是黑暗的，失去了進取心，因而很難在生活上取得成功。

在全世界，有5%～10%的人患有憂鬱症。在中國，超過三千六百萬的人患有憂鬱症，其中有10%～15%的人有自殺傾向，且女性為男性的兩倍。中國需要心理專業人員介入的人數更多，估計高達一點九億人，平均每十個人中，至少有一個人存在心理問題。憂鬱症占女性所有疾病的首位，好發於青春期、經前期、產後及更年期。憂鬱症已經成為世界第四大類疾病，中國每年由於憂鬱症導致的經濟負擔超過了六百億元人民幣。

憂鬱作為一種不良情緒，關係到社會中的每一個人的身心健康和安全，這種心理疾患的不良後果並不是只有自殺，它也可能導致殺人，使一些無辜的人受到傷害。現在的社會大環境中，大部分的精神疾病患者不敢直接去諮詢心理醫生，特別是一些女性患者和農村地區的患者，因為他們怕受到別人的歧視。

由於憂鬱症的隱蔽性，一般人都不會察覺自己心理的異常，如果這時不能及時調節自己的心態，就會陷入憂鬱中不能自拔，猶如下例中得了「心病」的人。

清朝時期，有一個眼睛紅腫的病人，去找名醫葉天士看病。葉天士看到這個淚流不止、神情憂慮的病人後，仔細地進行了一番望、聞、診、切，說：

「你的眼病並不嚴重，只需幾帖膏藥便能治好。但嚴重的是，你的兩隻腳在七天後會長出惡瘡，那幾乎是致命的。」

病人聽了，心中恐懼萬分，連忙跪下請求說：「請葉神醫一定要治好我的病，我將重重報答您。」

葉天士連忙把他扶了起來，說：「不過你的病還有救，還沒有到山窮水盡的地步，只有一個方法可以使你轉危為安，但你必須按照這個方法認真遵守執行才可以醫治好，那就是：你在每天臨睡前和早晨起床後，用手仔細揉搓兩腳心各360次，一次也不能少，這樣堅持做完，最後肯定能渡過難關。」病人將這位大名鼎鼎的醫生的話奉為聖旨，回到家裡，虔誠地依法而行。七天很快過去了，這位病人不但眼睛好了，而且腳心也沒有長出惡瘡，而且精神倍感清爽。

於是，病人便向葉天士道謝。葉天士微笑著對他說：「你的眼病其實是你長期的憂慮所致，只有用對方法，你不再去想它，眼睛自然痊癒。但你的心事很重，你的眼痛不得不讓你去想，心裡擔憂絕望得不得了。我讓你揉搓你的雙腳，自然你就不會注意你的眼睛了，而且揉搓腳心還可以讓你去火定神，補腎強身。這樣一來，心病一除，眼病自然就會好了。」

俗話說，心病還須心藥醫。葉天士採用「聲東擊西」的辦法，幫助病人治癒了眼疾和憂鬱。其實，我們就像這位患眼疾的病人一樣，常常會遇到人生的失意和挫折，如果不及時跳出，就會陷入憂鬱不能自拔的境地，後果非常嚴重。令人感到痛心的是，很多人並沒有意識到憂鬱對人的危害，而是慢慢地忍受它的折磨。

深度的憂鬱常常會導致自殺，70%以上的自殺者都是因為患有嚴重的憂鬱症。

有一個美國的婦女，由於沉重的生活壓力，患上了憂鬱症。她為一切而焦慮，為一切而心急如焚，哪怕一點點的小事，都會使她暴跳如雷、耿耿於懷。生活的一切對於她來說，是那麼的格格不入，時間愈久，她對生活愈感到絕望。最後，她想到了自殺，同時，又認為自己死了之後，留下的5個孩子會受苦受難。於是，她在自殺前，也把自己的5個孩子全部殺死了。

一個得了憂鬱症的人，情緒會持續低落，思維反應非常緩慢，變得不善言辭，行動遲緩，精神憂鬱，在生活中處處被動，而不願意與人相處，甚至就像上例中的婦女做出極端的事情來。

古希臘偉大的哲學家和思想家柏拉圖曾說過：「醫生治病時所犯的最大錯誤，就是只管治療身體疾患而不去治療心理疾患，然而人們的身心其實是密不可分的。」美國的一些醫學權威對此也曾有一些研究結論，他們說：那些住院的病人當中超過50%的人都是因為情緒緊張過度而引起健康狀況惡化。如果把這些病人的神經放在高倍顯微鏡下觀察，則沒有發現他們的神經與精神健康人有什麼不同。所以，他們的焦慮根源並非是因為身體的神經出現生理障礙，而是由沮喪、焦慮、失敗、懼怕、苦悶和絕望等情緒問題導致的。處於憂鬱狀態的人如果能夠進行自我調節，積極面對現實和困境，接受不可避免的事實之後，就會克服憂鬱情緒，重新適應美好的環境，恢復正常人的生活。

如今，醫學界正傾向於一種新的醫療方法，即所謂的「心理療法」，於是心理諮詢師出現了。心理諮詢師們認為，那些認真工作和喜歡照顧別人和在事業上有貢獻的人易患憂鬱症，那些工作緊張繁忙、人際關係緊張和生活環境改變的人也易得憂鬱症。比如，工作壓力大，經歷親人的生死別離，事業和生活受挫等，都會引發憂鬱。另外，那些消極不自信的人易得憂鬱症，那些缺乏家庭溫暖的婦女和兒童也容易得該病。

從醫學上講，憂鬱症大多都是遺傳、心理和環境因素相互作用的結果。下面幾點是最關鍵的因素。

1. 遺傳方面的因素

有時，憂鬱症在家庭中會集中出現，如果父母得了憂鬱症，孩子得病的機率為10%～13%。特別是雙胞胎子女中，這個機率還要更大，如果雙胞胎中有一人患憂鬱症，那麼另一個人在一生中患憂鬱症的可能性是70%。

2. 生物化學方面的因素

當憂鬱症患者大腦中神經遞質的化學物質出現減少或各種神經遞質之間不平衡時，即可確認得了此病。

3. 病症方面的因素

心臟病、癌症、糖尿病、激素紊亂和一些晚期病症等都可導致憂鬱症，或者無法解決自己的心理需要時，也易得此病。

我們無法改變遺傳、疾病和環境等方面的客觀條件，但可以改變自己的心態，盡力使我們的家庭和睦，寬容大度地對待一切事情，友好地與別人溝通，正確面對人生的生老病死，我們還有什麼理由去憂鬱呢？

煩惱是心智的沉溺

德國著名詩人曾說過：煩惱、憂慮像一把搖椅，它可以讓你有事可做，但卻不會使你前進一步。煩惱就像一雙無形的大手，牢牢地束縛著你，讓你無奈地沉溺下去。

佛蘭克林曾說：煩惱是心智的沉溺。一個心態不好的人，煩惱總是與之有緣，一個接一個地來，其實，大部分煩惱都是無中生有的。如果你能把握住自己的心態，煩惱也就不驅而散了。

有一個人被煩惱纏身，整天鬱鬱寡歡，於是四處尋找解脫煩惱的祕訣。

某天，他來到一個山腳下，看到一群採石的工人正在休息，突出的肌肉在陽光下熠熠閃光，他們喝著水，抽著菸，有說有笑。他連忙走過去問道：「你們看起來很快樂，能教給我解決煩惱的方法嗎？」

漢子們說：「坐下來休息一下，抽支菸，喝杯水，就什麼煩惱也沒有了。」

他試了試，沒有感覺到快樂，於是上路繼續尋找。

又一天，他來到了一片草原上，看到有一個牧童正騎在牛背上，吹著悠揚的笛聲，逍遙自得。他連忙走上前去，說：「你看起來很快活，能讓我也快活嗎？」

牧童回答說：「騎在牛背上，沐浴著春風，吹著笛子，什麼煩惱都消失了。」

他上去感受了一番，仍無濟於事，又四處尋找解脫煩惱的方法。

又一天，他來到了一座寺廟，看到廟裡面有一個老和尚，向其說明了來意。老和尚說：「阿彌陀佛，施主是來尋找解脫的嗎？」

他點了點頭，雙手一拱說：「請大師不吝賜教。」

老和尚說：「有人綁住你了？有人威脅你了？你有不幸來臨了？」

「都沒有。」

「既然這些都沒有，何必說解脫呢？是你自己捆住了自己呀！」

他恍然醒悟，道謝而去。

煩惱只是自己心理上的體驗，尤其是由自己造成的。故事中的人被自身累積的煩惱所捆綁，而不得解脫。經老和尚提醒後，他才明白——沒有人使自己煩惱，所謂的煩惱只不過是自己捆住了自己。這正是反應了佛家那句名言：世上本來無一物，何處惹塵埃？

通常，我們會感到心裡很煩，但進行短暫的折磨和權衡之後，又會恢復愉快的心境。當人處於特定的生活事件或情境中時，總有揮之不去的煩惱，任由它牽著我們的鼻子走。

培根說過：「經得起各種誘惑和煩惱的考驗，才算達到了最完美的心靈健康。」如果一個人長時間地擔憂、惦念，就會毀了自己集中精神的能力，導致思想到處亂轉，而喪失了控制自己的能力。

一些心理學家認為，煩惱使人的表情很難看，使人愁眉苦臉，使人的臉上長滿皺紋，使人臉上的皮膚產生斑點、粉刺，甚至使人頭髮灰白、脫落，沒有什麼能比煩惱憂慮使一個人老得更快了。煩惱就像不停地往下滴的水，滴滴的煩惱敲打著你那怯弱的心。

煩惱真得有這麼可怕嗎？當然不是，重要的是，我們要堅強地面對它。

當強迫自己面對最壞的情況，在精神上接受它之後，我們就能夠衡量所有可能出現的情形，這使我們處在了一個可以集中精力解決問題的主動地位。這時，我們能夠比較容易地看清問題的事實，找出事情發生的內在根源，進一步找出解決它的辦法。

為了避免煩惱帶來的不良後果，可以嘗試用以下幾種辦法來消除煩惱心理。

1．考慮最壞的結果

做一件事情時，若不能確定它的結果，則不妨先假想事情真的很糟糕。其實，正因為你這樣想，才常常容易發生壞的結果。但它的最大好處在於，當接受了最壞的情況時，心地就坦然起來了，就一心想到如何解決問題了。

2．萬一成功了怎麼辦

你不妨試著想：「萬一成功了怎麼辦？」或許你認為「這太難了」，那就更應該去試試看，其實事情並沒有你想像的那麼難。這就像我們買彩券，沒有人抱著「如果不中獎該怎麼辦」的心理去買彩券。這種煩惱非常奢侈，如果自己這麼一想，事情還沒有開始，自己就胡亂操心，很可笑！一般人都希望自己中獎，同理，當你要做什麼時，只要想著「希望能成功就好了」。這不是一種自欺欺人的做法，而是一種高情商的心理反應，我們如果要實現成功的夢想，就應該用這種樂觀的態度來面對生活中的每個問題。這麼一來，你快樂無憂的同時，做事自然就勝券在握了。

別折磨自己

人只有一段短暫的人生，活著的目的就是為了追求自己的快樂和成功。我們不應浪費時間去做情緒上的無用功，不應為別人的錯誤去折磨自己，不應為世俗的偏見來懲罰自己，也不應為自己的錯誤而過於難為自己。

人人都有趨利避害的心理，但在憂鬱面前，很多人選擇悲哀地駐守。開始，我們都嚮往生活的美好與完美的人生，但命運多舛，生活總會給我們製造這樣或那樣的障礙，一旦走不出那段黯淡的日子，就會陷入無盡的煩惱與折磨之中。

在日本，有一個品學兼優的青年，在一家大公司應徵的時候，參加了該公司的考試。在後來公司公布的考試結果裡，錄取榜上卻沒有他的名字。這位青年得知這個失望的消息後，深感灰心，憂鬱和絕望的陰影湧上心頭，頓時萌生了輕生的念頭。事後，幸虧醫院搶救及時，青年才沒有自殺成功。

過了不久，他應徵的那家大公司給他發來消息：他的考試成績名列榜首，只是在統計考分時，電腦出了故障。於是他被那家大公司錄用了。但當那家公司知道了他自殺的事情後，壞消息又很快傳來，他被公司解聘了。原因是：一個正常的人如果連這麼小的打擊都承受不起的話，又怎麼能適應公司高強度的節奏呢？對公司建功立業更是無從談起。

這個青年雖然在考分上名列第一，打敗了所有的競爭對手，但沒有打敗自己那顆脆弱易受挫的心。他心理的最大障礙就是不能正確對待失敗，對自己缺乏信心，遇到事情會給自己施加人為的壓力和緊張。

在追求成功的道路上，有多少人像上個故事中的日本青年那樣，一時的受挫而導致灰心喪氣，進而止步不前，這樣等待自己的只有失敗。那個日本青年的失敗之處在於，壓力和脆弱扭曲了他的心靈，導致他的心理到了崩潰的邊緣。

在生活中，當我們感覺不爽的時候，不必悲傷地躺在床上，而任由失敗的淚水橫流，其實眼淚腐蝕的不是枕頭，而是那顆脆弱而不堪一擊的心靈。面對眼前的困難，我們與其想不開而怨天尤人，不如擦亮自己的眼睛，找出障礙的解決之道，重新走出屬於自己的一條道路，而不是跟自己過不去，更不是自己折磨自己。

如果人們只想追求自己的快樂，這個願望似乎很容易實現。但很多時候，我們的壞情緒都是來自身邊的人：他們生氣，自己也生氣；他們發愁，自己也發愁。別人成了我們情緒的感測器，給我們造成了這樣的感覺：要想讓自己快樂，就首先得讓別人快樂。因此，我們在一些小事上不必和別人爭的你死我活，更不必向別人逞強，這樣無異於是自己折磨自己，自己不妨寬宏大量一點，先讓別人多一些快樂，而自己則會得到付出的快樂。

要想自己活得快樂，就不要牢牢抓住自己或別人的小辮子不放，讓自己變得心力交瘁。世上的煩惱實在是太多了，沒有必要一股腦地都裝入大腦中，否則自己又怎麼能夠承受生活中更多的是是非非呢？

人們往往都是這樣，簡單的道理，一聽就懂，不愉快發生在別人頭上的時候，自己也會勸解，真的有點「當局者迷，旁觀者清」的概念。而一旦事情落到自己頭上，往往很難冷靜處理。快樂和生活的其他道理一樣，也需要歷練。我們應該把生活中發生在自己頭上的事情慢慢累積消解，這樣時間長了，你在煩惱面前肯定會有驚人的免疫力。這時，我們會收穫更多的幸福和快樂。下面是一個寓意深遠的小故事。

有一天，一位父親教他5歲大的兒子在開滿鮮花的院子裡使用割草機。當父子倆割得正高興的時候，屋子裡的電話響了，父親進屋去接電話。而兒子則把割草機推上父親最喜愛的鬱金香花圃，不一會兒，就把鬱金香花圃割的亂七八糟。接完電話的父親看到這個滿目狼籍的景象，非常憤怒，下意識地舉起了他那握緊的拳頭，這時孩子的母親走了過來。

她立刻明白了是怎麼回事，對丈夫溫柔地說：「人生最大的幸福是養育我們自己的兒女，而不是養鬱金香。」少頃，這位父親的怒火消失了，一切歸於平靜。

故事中的母親是一個懂得生活智慧的人，她知道生活中的一切煩惱都是因為小事而折磨自己，重要的是我們要抓住生命中最重要的東西，而不是那些具體的細枝末節。

有時，朋友可能有意無意地傷害你，你不必為一些事情耿耿於懷。朋友或別人傷害了你，不用暴跳如雷，你應該知道：生氣是拿別人的錯誤來懲罰自己。當你失去一件珍貴物品的時候，也不要憂心忡忡，在這個世界上只有健康才是最重要的。

無休止的憂慮和憤怒對你來說，確實是太過殘酷，更為可怕的是，自己在折磨自己。真的應驗了那句話：人生最大的敵人就是自己。因此，我們只要認識到了這一點，就不會傻到自己折磨自己的境地。

當心情鬱悶的時候，不妨到鄉野小路上去大口大口呼吸清新的空氣，聞一聞泥土散出來的芬芳，看一看一望無垠的翠綠的山野大地，夜晚聽一聽草叢中那奏著蛙鳴、蛐蛐和溪水潺潺的萬籟之音……

沒有人肯為你的憂鬱買單

一個人如果無休止地煩惱，就太不值得了，因為即使你煩惱得身心俱疲、頭痛欲裂，也不會有一個人肯為你負責，而且這種壞情緒還可能影響你的父母、親朋好友。因此，煩惱是一種非常消極的情緒，它直接導致了你的失敗，而且還不被人理解。在這種情緒的支配下，你是永遠的輸家，沒有一個人肯為你的煩惱買單。

你為了憂慮和煩惱可以呼天搶地，可以茶飯不思，也可以任由憂慮和煩惱的陰影籠罩你的方方面面，甚至你還可以為了它而自殺身亡……但所有的這些，都是由個人的行為引起，不會有一個人肯為你負責任，這在別人看來實在是一件非常愚蠢的事情，甚至會被別人當作笑柄。

所以，我們為了自己的煩惱和憂愁而犧牲自己，實在是不值得。如果你明白了這一點，還有什麼無聊的事情值得你去付出精力呢？讓我們看看音樂家貝多芬是怎麼做的吧！

偉大的音樂家貝多芬在他26歲的時候，耳朵就開始出現了問題。在28歲時，他發現自己的聽覺系統出現很大問題，而且日益嚴重，他感到十分憂心。但他又不願意告訴別人，再加上愛情的挫折，他煩惱、暴躁到了極點。

1802年，他的壞情緒達到了一個頂點。當時，他住在維也納的近郊，找了很多醫生來醫治他的耳疾。醫生們都弄不清病因，使用了各種治療耳疾的方法卻絲毫不起作用。貝多芬傷心到了極致，幾度打算自殺，甚至寫下了遺囑。然而，他心中燃起的音樂烈火燒掉了這一次的精神危機：「難道這個世界就不能收留我嗎？難道這個世界就沒有值得我留戀的嗎？難道自己死後沒有一個牽掛和懷念的人嗎？不，我不能被生活擊垮，我要扼住生命的咽喉。」

之後，他放棄了所有的應酬，專心致志地投入到了音樂創作之中。過了兩年，第一交響曲走紅後，他又創作出了幾部奠定他音樂聖人地位的作品。從此，他的人生迎來碩果累累的收穫季節，到達了音樂藝術的極致。

雖然貝多芬一生非常坎坷，但音樂方面的成就為他帶來了不少安慰和快樂。他視音樂為生命，用他的音樂天才和如火如荼的創作熱情為大眾奉獻了一支支有著崇高藝術水準的音樂曲子，給人們的生活帶來了無窮的快樂和激情。

生活對我們來說，有數不完的煩惱和憂傷。即使你經歷一次憂傷，也會給你的心理帶來一定的陰霾和傷害，因為憤怒和憂傷產生的痛苦遠遠比事件本身帶給你的傷害多得多。你那無邊無際的憂愁有如高山上的流水，慢慢吸吮著你的心靈之泉，如若不補救的話，總有一天，你的心靈因乾涸而變得沒有生氣，最後不可避免的惡果則是揚塵起沙和乾裂。

這個世界上沒有絕對的完美，當你對一件事物吹毛求疵，甚至斤斤計較的時候，千萬不要煩惱，煩惱的後果只會把事情搞砸，而且還不會有人為它負責任。最後，請記住，不要煩惱，因為只有你一個人為它承擔後果，沒有人會為它買單。只有愚蠢的人才會在意那些毫無意義的小事。

在此以清代東閣大學士閻敬銘所著的《不氣歌》作為本節的結尾：「他人氣我我不氣，我本無氣他來氣；倘若生氣中他計，氣下病來無人替；請來醫生把病治，反說氣病治非易；氣之危害太可懼，不氣不氣真不氣。」此歌語言樸實，通俗易懂，而不失道理深刻，寓意深遠。

自己是自己的救星

當上帝為你關閉了一扇窗時，一定還會為你打開另一扇窗。當陷入某種困境和弱勢時，你不要期望別人來支援你，更不要以自己的處境來乞求別人的憐憫。在人生的道路上，唯一能夠拯救你的，只能是你自己。重要的是，你要努力找到上帝給你打開的另一扇窗。

每個人都有自己煩心的事情，但不要一股腦地說出來，我們何必讓別人承受不快樂的情緒呢?面對憂鬱要堅強一些，盡可能地把笑容留給別人，而不要給別人增加一些不快樂的因素，否則，他們表面同情你的同時，內心流露出更多的是不屑和敷衍。即使是情同手足的朋友，也要傾訴有度，不要給對方增加過多的煩惱。

在生活中，很少有人注意自己的情緒變化給生活帶來的負面影響，總是即興發揮著好情緒，總是即興發洩著壞情緒，而不管別人的反應，結果往往得罪了朋友，自己也快樂不起來。

有一次，有一個憂鬱的人去醫院看病。在醫院他擔憂地對醫生說：「晚上我常常失眠，心中充滿了各種各樣的憂愁和煩惱。」

醫生對他進行一番詳細的檢查後，發現他沒有任何疾病，只是情緒不佳而已。所以，醫生建議他多休息，並做一些快樂的事情。醫生說：「城東的馬戲團的表演非常精彩，特別是那個小丑的表演精彩絕倫。你如果去了，一定會讓你的憂愁和煩惱一掃而光，還會讓你發笑，從而得到真正的快樂！」

「病人」無奈地說：「不會有任何作用的，因為我就是那個表演的小丑。」

這個故事頗耐人尋味，寓意是說沒有一個人能夠真正瞭解我們內心深處的憂傷，只有自己多多地自我瞭解，自我化解，才有可能對自己有更多的認識和改變。最後得出的結論是：只有自己才能拯救自己。

在經濟快速發展的今天，很多人非常注重人際關係，非常希望自己能得到貴人的提拔相助，以便自己一飛沖天。於是，那些別有用心的人見有機可乘，便專門扮演一個個「救世主」的角色，讓前來求助的人屢屢破財。結果，上當的人屢見不鮮，捶胸頓足也無濟於事。

當前，社會上流行：「學好數理化，不如有個好爸爸。」有的人只想不勞而獲，期望自己有一個富爸爸，將自己人生的一切問題都一步登天。有的人經常抱怨自己沒有生在富貴之家，因為如果這樣他們就能省去很多奮鬥的汗水。其實，看看那些生活在富貴之家的紈絝子弟們有多少能真正成大器的？

人生的意義在於奮鬥的過程，辛勤的過程決定一個人的貢獻，而不是結果。對於別人的優越，你用不著悶悶不樂，上帝不會把人生的快樂偏袒於某些人，只要你收起你的不平和沮喪，快樂的生活就一定會眷顧你。在社會上，哪一個傑出人物在開始的時候不是一貧如洗呢？你如果只想著守株待兔，夢想著機會來到你的身邊，就不會有成功的希望。

自己如果是一個草包，即使你擁有再硬的關係和後臺，也是無濟於事的，就像三國時期那個扶不起的阿斗一樣。所以，只有自己奮發圖強，才能解決自己的問題。

請看下面一個寓言故事。

某次，下著大雨，有一個人躲在屋簷下避雨。這時，他突然看見觀世音菩薩正撐著傘走過來，便對觀世音菩薩說：「觀世音菩薩，你普渡一下眾生吧，帶我走一段如何？」

觀世音菩薩說：「我自己在雨中，而你在屋簷下，簷下無雨，你不用我渡你。」

這個人不由分說，立刻跳出屋簷站在滂沱大雨中，說：「現在，我也在雨中了，這下該渡我了吧？」

「你在雨中，我也在雨中，我沒有被雨淋著，是因為我有傘，你被雨淋是因為沒有傘。所以，渡我的是傘。如果你想渡，不要找我，請找傘去。」觀世音菩薩說完就走了。

到了第二天，這人遇到一件麻煩事，便去寺裡求觀世音菩薩，他發現觀世音菩薩像前已經跪著一個人，那人長得和觀世音菩薩如出一轍、絲毫不差。

於是這個人又充滿疑惑地問：「你不就是觀音嗎？」

觀世音點了點頭，繼續跪拜。

這人感到很驚奇，又問：「你為什麼拜你自己呢？」

觀世音菩薩笑道：「我和你一樣，也遇到了難事，但我明白，求人不如求己呀。」

中國有一句古訓：自助者天助也。唯有自己才是自己的救命神。所以，寓言中的觀音自己拜自己。一個人如果樹立了正確的人生觀，提高自己的修養，正確認識和塑造自我，就會成功地鑄造自己的幸福和成功。

生活中的你需要過什麼樣的日子，需要走一條什麼樣的道路，起到決定作用的是你自己。自己的一切只能靠自己拯救，我們只有用自己的生命去體驗人生，去坦然接受人生中的風風雨雨，終會有一天，我們會走出生存的困境，徹底地解救出自己。流淌自身汗水換來的成功是一件多麼令人高興和感到榮耀的事情，因此，自己拯救自己是最大的人生快樂和幸福。

學會將憂鬱轉個彎

憂鬱不可怕，可怕的是不知抽身而退。我們要學會將憂鬱轉個彎，當發現自己有憂鬱的傾向時，一定要給自己限定一個「至此為止」的期限，徹底切斷外界帶給心靈的羈絆。

在生活中，我們要清楚自己所處的精神狀態，要經常注意自己的情緒波動。當心情愉悅時，我們常常感覺生活既幸福又美滿，覺得自己一天到晚都充滿快樂，總是能圓滿解決一些生活瑣事，而且能夠與別人保持融洽的關係。反之，當情緒低落的時候，我們總感覺生活是那麼嚴峻和殘酷，總感覺到處都是危機，總感覺別人懷有不可告人的醜惡動機，總感覺眼前的一切都是那麼不協調，於是自己主觀地臆斷周圍的人和物，看什麼都不順眼。其實，只是真實情況被自己的不良情緒「歪曲」了。等過了心理的低谷之後，我們的心情可能又發生了變化：看什麼都喜歡，吃什麼都香……一切都變得積極起來。

很多人不習慣於情緒好壞的調節，好的時候一切都好，壞的時候一切都壞。在這種情況下，我們做事只憑感覺行事，任由情緒左右我們的心靈，而失去了準確判斷是非的標準。比如，我們遇到好情緒的時候，任由高興的心情縱橫馳騁，甚至還會有些盲目樂觀；遇到壞情緒的時候，任由低落和壞心情流滿我們的心田。這樣，我們自己的生活就不能由自己做主，任由情緒來左右我們的一切：一下子生活在天堂裡，一下子又生活在地獄裡。

其實，在沒有人的時候我們應該冷靜一下自己，細想一下，自己就會發現，生活絕不像自己心情很壞時所認為的那樣消極和沮喪，根本的原因在於我們的主觀臆斷，被情勢牽著鼻子走。我們總以為可以控制自己，總以為可以不發脾氣，總以為可以不說喪氣話，這樣就不會感到失落，就能超越憂鬱，而不要以為自己心情不好，就放縱情緒蔓延。

俗話說：不以物喜，不以己悲。好心情總可以由我們來選擇：當遇到不高興的事情的時候，我們要立刻提醒自己，把事情看得開一點。我們不可能避免已經發生的情況，不如讓時間去沖淡這一切吧，等事情過後，就不會耿耿於懷了。

學會轉變壞情緒，就是在我們心情好的時候要對生活感恩，生活不好時，要想得開，看得遠。

學會自我調節，對每一個人都具有重要的意義，因為生活中的一點毫不起眼的小事，就可能在我們的大腦中留下難以釋懷的偏激，這直接影響我們對以後事物的正確判斷。所以，我們不要想當然，不要期望事物的完美，要善於從不合理的生活狀態中脫離出來，要學會見好就收。

學會調節壓力，學會調節情緒，學會自我心理保健，是我們的另一個必要的本領。特別對一些就業壓力很大、接近畢業的大學生來說，更要學會自我調節，否則，一些由不良情緒引起的胃潰瘍、心臟病、高血壓等疾病會隨時找上門來，甚至導致精神崩潰而自殺。

學會自我調節，可以使我們遠離那些憂鬱、悲痛、焦慮等不良的情緒，可以使我們輕鬆、愉快地生活，而不至於失去心理平衡。所以，只有善於疏導自己的情緒，正確面對現實，以正確的態度適應各種環境和問題，增強自己的承受力，才能不被不良情緒所左右，才能保持持久的快樂。

當憂鬱的時候，我們為何不停下來，或參加郊外旅遊、唱歌、游泳等業餘活動，或參加一些社交活動，或找親朋好友一起分擔，或找心理諮詢師諮詢。我們只有善於將情緒化解，才能得到更大的身心自由。

第二章　果斷拒絕過度的享受——不用背上貪婪的包袱

貪多的結果既會毀掉一些美好的事物，又會給自己帶來無窮盡的煩惱，因為人被貪婪的慾望左右時，再多的得到都無法滿足，甚至會鋌而走險。只有抵制住貪婪的誘惑，我們才有可能找到自己真正所需要的。學會知足，學會正確選擇，使自己從慾望的無底深淵中得到釋放與自由，是快樂的始發站。我們要珍惜自己擁有的一切，所以，抓住生活中的每一個機會，並以一顆知足常樂的心享受每一天。

貪婪是心靈上的一座大山

托爾斯泰說過：「慾望越小，人生就越幸福。」在這個高度發達的文明時代，人早已告別了茹毛飲血的愚昧時期，其實是很容易得到滿足的。但無度的貪婪就像壓在他們身上的一座大山一樣，讓人喘息不過來。那些貪婪自私、欲壑難填的人，終日勞碌，機關算盡，甚至搭上性命。

羅馬政治家及哲學家塞尼加說過：「如果你一直覺得不滿，那麼即使你擁有了整個世界，也會覺得傷心。」細想一下，我們所擁有的整個世界不外乎是：一日三餐，一張睡覺的床，包裹我們身體的衣服，還有自己對親朋的精神需求。其實，即使一個平常的人也會享受到這一切，哪怕是一個泥水匠。

現實生活中，存款、車子、房子，還有看不見的親情和友情等，這些東西沒有一樣永遠屬於我們自己，它們不過是暫時寄託給我們而已。我們只是暫時使用、保管所擁有的東西，至於最後物歸何處，不得而知，因此明智的人都把這些東西視為身外之物。

很多人為了自己的所謂「得」，而失去了自己的許多東西：為了生活，很多人透支著體力，殫精竭慮；為了失去的親人，很多人透支著傷痛；為了愛情，很多人透支著感情……。在生活中，不論我們失去什麼，自己都應該把握分寸，適可而止，因為過度的操勞，腦力的耗盡，都像壓在心靈上的一座大山，都會造成我們抑或悲痛欲絕，抑或大喜過度，從而造成精神的極大損害。發生在我們身邊的例子太多了。有多少人由貪而變貧，由貪而伏法，由貪而時時提心吊膽，由貪而丟失性命。所以，我們對於物質和金錢的索取不要過於貪婪。

當然，人人都嚮往美好的生活，都希望自己過得幸福快樂一點，這是人之常情，但這種需要不能以超過自己的能力為前提，不能以徒增無窮壓力為前提。過度的索取慾望會使我們一步步走向危險，走向崩潰，最終走向毀滅。

俗話說，有得必有失。得失是相對的，主要看你得到的是什麼，丟掉的又是什麼。比如，在物質利益和友情與親情發生矛盾時，我們如果有超過自身所需求的物質，就不如丟棄它來換取友誼和親情。其實，得與失是相輔相成的，你得到多少，就會失去多少。不要過度地羨慕那些富甲一方和生活奢侈的人，因為他們的享受是建立在他們發福的身體之上，建立在用健康的代價來換取物質的享受上，建立在犧牲時間的自由來換取物質財富上，而他們或許會羨慕你的閒適、快樂和充實呢。

所以說，無論做什麼，都應該適可而止，做一些力所能及的事情，來換取我們生活所需就可以了。千萬不能過於強迫自己，辦不可能之事，因為生活本來應是快樂的，何必給自己徒增煩惱和壓力呢？否則，就好像自己拿著鞭子把自己趕進了監獄或墳墓一樣。

生活對於我們每個人來說是豐富多彩的，有的人貧窮，有的人富足；有的人漂亮，有的人醜陋。貧窮有貧窮的快樂，富裕有富裕的擔憂；漂亮有漂亮的不幸，醜陋也有醜陋的滿足。總之，生活賦予我們的就是快樂的。那些總是叫苦連天的人是否應該反思一下自己呢？是不是應該仔細地審視一番自己呢？讓你的壞情緒適可而止吧！要多學學那些輕鬆主宰生活的人群，把自己從繁忙的壓力中釋放出來，而不要把貪婪變成壓在你心靈上的一座大山。曾經有位哲學家指出：「對財產先入為主的觀念，比其他事更能阻止人們過自由而高尚的生活。」

有一位禁慾苦行的修道者，準備離開他所住的村莊，到無人居住的山中去隱居修行。之後，他只帶了一塊布當作衣服，就一個人到山中居住了。

後來，他想到當他洗衣服的時候，需要另外一塊布來替換。於是，他就下山到村莊中，向村民們乞討一塊布當作衣服。村民們都知道他是虔誠的修道者，便毫不猶豫地給了他一塊布，以讓它當作修道者換洗穿的衣服。

當修道者回到山中後，他發覺在他居住的茅屋裡有一隻老鼠，常常會在他專心打坐的時候來咬他那件準備換洗的衣服。他先前早就發誓一生遵守不殺生的戒律，因此不願意去傷害那隻老鼠，但是他又沒有辦法趕走那隻老鼠，所以他又回到村莊中，向村民要了一隻貓來飼養。

得到一隻貓之後，修道者又想：「貓要吃什麼呢？我並不想讓貓去吃老鼠，但總不能跟我一樣只吃一些水果與野菜吧！」於是，他又向村民要了一隻乳牛，這樣那隻貓就可以靠牛奶維生了。

在山中居住了一段時間以後，他發覺每天都要花很多的時間來照顧那隻母牛，於是他又回到村莊中，他找到了一個可憐的流浪漢，帶他回到山中居住，幫他照顧乳牛。

那個流浪漢在山中居住了一段時間之後，就向修道者抱怨說：「我跟你不一樣，我需要一個太太，我要過正常的家庭生活。」

修道者想了想，感覺也有道理，不能強迫別人一定要跟他一樣，過著禁慾的苦行生活……

這個故事的最後結果是：整個村莊都搬到了山上。

貪慾太多，人生就會變得疲憊不堪，因為心靈之舟不能承受太多的重荷。否則，就像壓在你身上的一座大山，會壓得你身心崩潰，很難翻身。另外，還得戒除你吝嗇和貪婪的習性。

放棄就是快樂

放棄是一種睿智和清醒，更是一種智慧和超脫。對人生來說，放棄意味著幸福和快樂。當走在人生重要的關卡時，人要想使自己長久地輝煌或平安下去，就必須放棄一些既得利益，否則，輝煌不再或大禍臨頭。

古時候，有一個辛勤耕作的農夫，一天到晚忙於田地間，日子雖然說算不上富足，倒也算美滿和快樂。

某天晚上，農夫做了一個美夢，夢見自己在田野裡挖出了18個金身羅漢。說來奇怪，第二天，農夫拿著鋤頭，果真在田地裡挖出了一個金身羅漢。他的親朋好友都為他高興，但農夫卻悶悶不樂，一點也高興不起來，整天心事重重。別人問他：「有了這個金身羅漢，你就成了百萬富翁，還有什麼不滿足的呢？」

農夫憂傷地回答道：「我只是在想，自己原本夢見了18個金身羅漢，其他的到哪裡去了呢？」

俗話說：知足者常樂；貪婪者常悲。對知足者來說，即使一無所有也有生活的樂趣；對於貪婪者來說，即使得到了一個金身羅漢，也失去生活的快樂。

我們的人生其實是一個不斷選擇和放棄的過程。魚與熊掌往往不會兼得，如果你看見什麼就想索取什麼，想什麼就要得到什麼，那就成了慾望的奴隸。以財為重的人生觀不是我們人生本身的意義，更不是一種明智的選擇，否則，那些見什麼都要的人是活得很累而又可悲的。事實上，貪婪的人不但得不到所期望的東西，還會失去既有的東西，這樣的損失更大。對一些人來說，越得不到的東西，越想得到，無疑加重了心理的負擔。其實，一個守財奴般的心態是不會有什麼快樂和自由可言的，他們常常會身不由己地陷入到形形色色的誘惑之中。所以，放棄是一種智慧，它可以給你帶來生活的快樂，讓你深刻體會到有失必有得的人生真諦。

短短的生命對於我們來說，猶如一場旅行：如果我們身上的負荷太重，旅行的壓力容不得我們去欣賞沿途美麗的風光；如果我們放下身上一些不必要的重負，人生是不是會變得輕鬆快樂一些呢？放棄是一種高明的智慧，也是一種人生境界。人們只有放棄身上的一切浮華沉淪，才能在人生的旅途中輕裝行進，走向成功。

在這個豐富多彩的物質世界裡，總會有太多太多的誘惑。你可能對目前的所得覺得不滿足，但當你擁有更多時，也不見得滿足，因為人的慾望是無限的。對於平凡的人來說，快樂的法寶不是增加財富，而是降低慾望，知足常樂。功名利祿，只能帶給我們短暫的快樂，因為時間長了就習以為常了。人只有以平靜的心靈投入到自己所奉獻的工作中去，做出成績，實現成功，才會帶給我們永恆的快樂。快樂是一種寶貴的財富，它不僅僅是享用，更多的時候是要發掘和給予，因為當快樂的氣息傳遞到別人身上時，總會有幾分也會傳遞給自己。

德國哲學家尼采曾說過：「世界如一座花園，展開在我們的面前。」大自然將豐富的物質世界饋贈給我們，我們往往不覺得滿足：手上拿著各種慾望，眼睛又看著不屬於自己的各種追求。如果我們不學會放棄自己無度的欲求，就會與別人爭個頭破血流，去爭那個自己本不需要的累贅，而讓自己走入一個誤區，一個直通痛苦的深淵：它可以是犯罪的道路，也可以是家破人亡，也可以是別人的災禍。

羅曼．羅蘭說過，「人生對我們來說是不再生資源，猶如一塊煤，一桶汽油，燃過即完。」短短數十年的人生對於廣闊浩瀚的宇宙來說，實在是微不足道。我們為何不快快樂樂地度過短暫的一生？為何不讓美麗的世界多一份歡樂和美好呢？一切的恩怨情仇只不過是過眼雲煙，與其為了一點可憐的得失而刀光劍影，不如以一顆平常的心態去獲取滿足和快樂。總之，萬事自有定數，何不順其自然？做自己所做的事，愛自己所愛的人，就會感受到人生的快樂。

在這個高度文明的社會裡，我們擁有的已經太多了，不論是物質的，還是精神的，但很多人並不因此而滿足，甚至會為了一點點的利益而悶悶不樂。其實，人一切的無奈、憂慮、傷心和困惑都與無休止的慾望有關，比如，有了自己所擁有的，又害怕從自己手中失去，而且還會渴望一些沒有得到的東西。這些「害怕失去的」和「渴望得到的」像一個沉重的包袱一樣，壓得我們格外勞累。其實，能夠給我們帶來需求的東西應接不暇，如果我們能夠靜下心來，就能享受老天帶給我們的這份奢侈，但人們往往不會滿足已有的既得需要，以為自己擁有的越多，就越幸福、越快樂。

上帝賦予我們每個人一雙勤勞的手和一顆高級的腦袋，我們必須學會正確對待手裡抓著的和腦袋裡想著的。有時只有鬆開你的雙手，讓大腦得到自由和快樂，才能使我們真正過得幸福快樂。

富有的人並不一定快樂

湯瑪斯．富勒說過：「滿足不在於多加燃料，而在於減少火苗；滿足不在於累積財富，而在於減少慾念。」

人們經常說：「金錢不是萬能的，可是沒有錢是萬萬不能的。」現在，很多人都在拚命地追逐財富，拚命地往金錢的大道上奔跑，跑得心力交瘁而不自知，跑得焦慮重重而不放棄，唯恐自己被時代的潮流所拋棄。

其實，金錢和快樂不能畫等號，即使是富甲天下的帝王也並不一定過得愉快。

古代有一個國王，擁有大片的國土卻快樂不起來，整天心事很重的樣子，他煩惱極了。於是他非常想改變這種不愉快的心境，便讓大臣去尋找世上最快樂的人，解開快樂之謎。

於是，大臣們四處尋找世上最快樂的人，他們每個人都走了一段長長的旅程。首先，他們調查了很多當官的人，結果發現他們過得並不快樂，成天和公務打交道，煩惱不堪。他們又去訪問了做工的人，發現那些做工的人，整天早出晚歸，臉上都是疲憊的神色，同樣也不快樂。後來他們又去訪問農民，農民同樣有太多的煩惱。經過對各階層人的調查，他們一致認為：世界上沒有活得快樂的人。

正當他們在赴旨的歸途時，突然看到路邊的一個流浪漢，航髒邋遢的衣服掩飾不住他快樂的表情，並對他進行調查。這個流浪漢說：「我是世界上最快樂的人，沒有什麼煩惱：走累了，就躺在地上休息，一直睡到自然醒；早晨經常躺在暖烘烘的陽光下曬太陽；渴了、餓了往街頭的人家把碗一送。總之，我一天到晚無憂無慮，無牽無掛，自在得很。」

官員們聽了很驚奇，把這幾天的調查翻來覆去地研究了幾天，終於得出一個結論：活在世上本來就是一件很高興的事情，人們所有的痛苦和不快都是由其內心產生的。

有人這樣說過：「宮殿裡也有悲慟，茅屋裡也有歡笑。」在這個物資琳琅滿目的世界裡，每一件東西都有它們各自的屬性，它們並不是導致我們不快樂的直接原因。

我們都知道，金錢買不到快樂。對於那些在貧困線上苦苦掙扎的人來說，他們並不能對此有深刻的認識和理解，常常錯誤地認為，只有盡可能多一些金錢才能使他們過得更加快活。社會心理學教授經過調查研究發現，人們一旦滿足了基本的生活需要之後，快樂的源泉主要建立在一些有意義的娛樂活動和豐富的人際關係等因素上，而這些需要與金錢沒有直接的關係。其實，那些無形的財富比有形的財富更能讓人得到快樂，快樂並不是擁有更多的物質享受，而是懂得享受自己已經擁有的一切。

美國著名的慈善家洛克菲勒，前半生為了追求財富，盡心竭力，但生意帶來的巨大財富並沒有讓他變得快樂，相反，他更加憂慮和疾病纏身。醫生勸他說，如果不能改變這個狀態的話，恐怕他活不了多長時間了。最後，他接受了醫生的勸告，從生意中解脫了出來，並開始變得富有愛心，成立了洛克菲勒基金會，把他畢生累積的財富慢慢散發出去。世界上很多重大事業在洛克菲勒基金的支援下，取得了豐碩的成果。所以，洛克菲勒為人類作出了極大貢獻，他變成了人們心目中公認的慈善家。

中國著名經濟學家茅于軾認為：快樂才是人生幸福的唯一標準。他還說：如果我們因為賺錢而使別人遭受了痛苦，那麼，這錢就不如不賺。社會上的許多人累積了萬貫家財之後，發現要那麼多的錢只是個累贅，甚至常常為此提心吊膽。其實，一家人的實際需求也不過是住一套房子，每個人再大的屁股也只能坐一輛車，再大的飲食消費也只能是自己的一日三餐。所以，快樂是人生的最高生活準則。

賺錢要開心，花錢要高興。如果一個人僅僅把賺錢作為人生最終追求的話，勢必會淪為金錢的奴隸，變成一個忠實的守財奴，猶如巴爾札克筆下的那個歐也妮．葛朗台。

有一位老太太，她有兩個富有的兒子，他們都是生意場上成功的商人。兩個兒子天天奔波在生意場上，根本無暇顧及於她，而且她的兒媳和孫子、孫女們也並不孝順她，根本不去照顧她，甚至常常責罵她，嫌她髒，愛嘮叨。這位老太太為了兒子們的家庭幸福，不是和兒媳們爭執，而是獨自搬離出兒子們的家，單獨一個人居住。雖然生活簡單清苦一點，但她感到了生活的真正快樂，她常常得到熱情的鄰居們的幫助：換煤氣，搬東西，買米，買麵……最讓人高興的是上上下下的鄰居們的孩子時常過來看望她，經常逗她開心。

現在，她天天過得非常開心，只是一提到她的兒子們，才會覺得有一點憂鬱，但很快她會將不快樂的事情忘掉。現在，大家都能感到這個老太太的快樂心情，同時，也明白到金錢是換不來快樂的。

故事中的老太太在富有的兒子身邊得不到溫暖，但在鄰居的關懷下，卻天天過得很開心快樂。可見，富有並不能使她感到快樂。

在生活中，一些人經常說：「鬱悶啊，鬱悶……」為什麼隨著人們生活水準的逐步提高，卻又有那麼多的人陷入到精神苦悶中呢？

根據國外的一份調查報告揭示：很多人比過去過得更加鬱悶和不快。現在的科技雖然比數十年前大大提高，但卻有90%的人比四十年前與其境遇相似的人更憂傷。原因在於，現在的人生活是富裕了，但心一直沒有放鬆，總是為追逐財富而過於奔忙，甚至為財富所累。

名利於我如浮雲

有聲之聲不過百里，無聲之聲延及四海。

——（漢）韓嬰

美國好萊塢影星利奧・羅斯頓，是好萊塢歷史上最胖的演員。有一次，在英國演出時，他突發心力衰竭而被送進湯普森急救中心。醫生們使用了一切能使用的治療手段後，仍然回天乏術，利奧．羅斯頓的生命還是過早地凋謝了。

羅斯頓在臨終之際，喃喃自語：「你的身軀很龐大，但你的生命需要的僅僅是一顆心臟！」站在一旁的哈登院長被這一句話深深感動了，讓人把這句富有哲理的話刻在了醫院大樓的牆上。

後來，工作繁忙纏身的美國石油大亨默爾也因為心力衰竭住進了這個急救中心。由於放不下公司諸多的事務，他在湯普森醫院包下了一層樓，增設了用於聯繫事務的五部電話和兩部傳真機。有媒體戲稱，湯普森醫院是美洲的石油中心。

經過醫院的精心護理和高超的心臟外科手術，默爾的一條命終於保住了。但在出院以後，默爾再沒有回到美國，也沒有繼續親自打理他的石油帝國，而是賣掉了他的公司，在英國蘇格蘭的一個鄉村購買了一棟別墅，安度餘生。

在生意上大獲成功的默爾，為什麼會這樣做？因為他被醫院大樓上的那句：「你的身軀很龐大，但你的生命需要的僅僅是一顆心臟！」深深打動了，在自傳中，他這樣寫道：「富裕和肥胖沒有區別，它們只不過是超過自己所需要的東西罷了。」

默爾的做法是明智的，他的明智在於能夠及時領悟到人生的真諦：人生應該過得輕鬆和快樂一點，再顯赫的名利不過是束縛自身的枷鎖，生命之舟又能承受多少負荷？因此，在生死抉擇面前，什麼又能比得上鮮活的生命重要，什麼能比得上幸福快樂的生活重要？

散文家丁謙說過：「崇高的榮譽像開在山頂的一朵花，有的人看見了艱難的路，有的人只看見美麗的花。」這正如我們的生活一樣，人們對生活所熱衷的名利只不過是自己的熱烈渴望，熱烈渴望名利所帶來的榮耀和生活享受。人人都想過得舒服和快樂一點，這本身沒有錯，但要採取正確、適當的方式才行，如果建立在艱難生活之上，付出自己的心力，影響自己的健康，就是不值得的。

臧克家曾說：「有的人活著，他已經死了；有的人，騎在人民頭上，呵，我多偉大。有的人把名字刻入石頭想『不朽』；把名字刻入石頭的，名字比屍首爛得更早；……他活著別人就不能活的人，他的下場可以看到。」其實，真正的名利往往會賦予那些能夠經受住風風雨雨、對事業執著追求的人們，而不是去做損人利己的勾當。

有的人為了自己的一己之利，喪心病狂，做事不擇手段，終於犯下嚴重錯誤，而被天下人戳脊梁骨。比如，明朝的奸相嚴嵩，老奸巨猾、玩弄權術、陷害忠良、仗勢欺人、無惡不作，朝野恨之入骨，群起而攻之，最後嚴嵩和他惡貫滿盈的兒子最終落得早死的下場。

人間虛幻的功名利祿是非常誘人的，但它有如空中飄忽不定的雲彩一樣，絢麗不會在天空中停留太長時間。對於普通的人來說，真實的事物或許不能令人陶醉，但它們卻是實實在在的真理，卻能使我們信服。那種動不動以官階、出身、資歷和職業評價一個人幸福快樂的人，往往淺薄無知。那些權勢熏天和呼風喚雨的人，過得愉快、輕鬆嗎？一點也不。

由上所述，過於追逐名利會導致自己絞盡腦汁，憂慮纏身，甚至良心喪失，於人於己都划不來。

其實我們的生活本來應該平淡，平淡地做自己的事情，平淡地處事，平淡地對待一切，哪一個成功人物在沒有成功之前不是在平淡中度過的呢？成功者都是從過去平淡的生活中所取得成果的，所以他們的成功來自他們平常的生活。

在這個大千世界，信奉「人為財死，鳥為食亡」信條的人不少，為名揚天下而發狂的人也不少。現實中的人們能甘願放棄名利的人不多，甚至很多人把名利看得比生命還重要。一旦自己的身分地位達不到自己的要求，有些人就會陷入「生不如死」的惡性循環之中，因為無窮無盡的名利心使他們瘋狂。寧靜而悠然，像清澈的小溪蜿蜒流過的平淡日子其實更有詩意，畢竟人生短暫，我們的生命載不動太多的物慾和虛榮。

唐朝有一個叫宋之問的詩人，他很有才華，遠近馳名。他有一個外甥叫劉希夷，是一個年輕有為的詩人。一天，劉希夷剛寫了一首叫做《代白頭吟》的詩，就到舅舅家尋求舅舅指點。當看到「古人無複洛陽東，今人還對落花風。年年歲歲花相似，歲歲年年人不同」時，宋之問不禁拍手叫好，忙問外甥：「此詩有沒有外人看過？」外甥說：「還不曾有人看過。」宋之問聽了，心中大喜，便對外甥說：「詩中的『年年歲歲花相似，歲歲年年人不同』二句，著實令人喜愛，若他人不曾看過，讓與我吧。」劉希夷言道：「此二句乃我詩中之眼，若去之，全詩無味，萬萬不可。」

到了晚上，宋之問一直對這兩句詩念念不忘，躺在床上翻來覆去，怎麼也睡不著。他想：此詩一經面世，就會成為千古絕句，作者立刻就會名揚天下，一定要據為己有才好。於是，一個罪惡的念頭在宋之問的心裡紮下了根，他讓手下的人把劉希夷殺死了。

後來，宋之問被朝廷獲罪，流放到欽州。皇帝知道他的這個惡行後，又把他賜死，算是給了天下讀書人一個交待。劉禹錫對此評價說：「宋之問該死，這是天之報應。」

宋之問，本來已經是一個有名的詩人了，可是為了自己的那點虛名把外甥害死，最後落得個身敗名裂的下場，實在不值得。

在這個物質豐富的時代，有的人活得很累，他們總是想抓住一切，如地位、車子、支票等，但結果卻總是事與願違。中國革命先行者孫中山曾說：古今人物名望之高大，不是在他所做的官大，而是在他所做事業的成功。

總之，正確對待名利對自己的人生極為重要，如果處理得好，則既有助於提高自己的高尚情操，又能成為自己積極努力的目標；否則就會成為自己前進的阻力和沉重的包袱。名利於我如浮雲。每一位有追求的人，都應該築牢自己的思想防線：人何不淡泊、快樂一些，不要過度關注名利，這樣往往會取得成功。

知足才能常樂

為所有而喜，不為所無而憂。凡事往好的一面去想，這種心態比收入千鎊還好。

——卡內基

有一天，一對清貧的鄉村老夫婦想把家中唯一比較值錢的一匹馬拉到市場上去換一些更有用的東西。於是，老頭牽著馬去趕集了，他先與人換得一頭母牛，又用母牛換了一隻羊，再用這隻羊換來一隻鵝，然後又用鵝換來一隻母雞，最後用母雞換了別人的一袋蘋果。

在每次交換中，他都想給老伴一個驚喜。

當他扛著袋子來到一家小酒店休息時，他遇上兩個英國人，就聊了起來。閒聊中，他談了自己趕集的經過。兩個英國人聽後，哈哈大笑，說他回去一定會被老婆責罵一頓，而老頭子堅稱絕對不會，英國人就用一袋子金幣打賭，三人於是一起回到老頭家中。

老太婆見老頭子回來了，非常高興，她興奮地聽著老頭子講述趕集的經過。每次聽老頭子講到用一種東西換了另一種東西時，她都充滿了對老頭的欽佩。

她嘴裡不時地說著：「哦，我們有牛奶了！」

「哦，羊奶同樣好喝。」

「哦，鵝毛多漂亮！」

「哦，我們有雞蛋吃了！」

最後，聽到老頭講到背回一袋已經有點腐爛的蘋果時，她同樣不急不惱，大聲說：「哦，我們今晚就可以吃到蘋果餡餅了！」

結果，英國人輸掉了一袋金幣。

這是丹麥著名童話作家安徒生講的一個故事，故事中的老夫婦是多麼和美、快樂。他們不會為失去一匹馬惋惜與埋怨，雖然最後手裡只有一袋已經有點腐爛的蘋果，但他們也為能做蘋果餡餅而感到高興。這則故事看似老夫婦丟了東西也傻呼呼的，但生活隨和、樂觀、滿足，確實可以讓我們感到快樂。

其實，想要獲得快樂很簡單，它只取決於我們對生活的態度。如果你真誠地對待生活，生活也會真誠地對待你；如果你糊弄你的生活，你的生活也會糊弄你；如果你對生活存有感激，同樣生活也會對你存有感激。因此，獲得快樂就如此簡單。

如果你對生活中的一切還不感到滿足的話，只是由於偶爾地失去一點就認為上蒼愧對於你，其實你就是在為自己製造不幸，就不會有快樂的時候。

有一個富翁因為實在太富有了，所以凡事他都要求最好的。

有一天，他喉嚨發炎，這不過是一個普通的小毛病，任何一位醫師都可以處理得好，但是由於他求好心切，一定要找到一個最好的醫生來為他診治。

這樣，他便花費了無數的金錢走遍各地尋找醫病高手。他一地一區地走，每個地方的人們都告訴他當地有名醫，但他總是認為別的地方一定還有更好的醫生，所以他馬不停蹄地繼續尋找。

直到有一天當他路過一個偏僻的小村莊時，他的病情已經變得非常嚴重了，惡化成膿的扁桃腺需要馬上開刀，否則性命難保，但是當地卻沒有一個能動手術的醫生。結果，這個家財萬貫的富翁，居然因為小小的扁桃腺炎而一命嗚呼了。

這位富翁死了，與其說他死於扁桃腺炎，還不如說他死於心理上的不知足。他在物質上是富有的，但是他在心理上卻是一個徹徹底底的窮人。他不滿意任何他找到的醫病高手，在心理上永遠不會得到滿足。因此他不可能感到快樂，他的不滿足就是造成他不幸的根源。與這位富翁相比，雖然從實際財產而言，那對鄉村老夫婦是清貧的，但他們眼裡的「有」，是有了牛便有了牛奶，有了雞就有了雞蛋的美好心態，即使是有了開始腐爛的蘋果，那也讓他們得到了還能做蘋果餡餅的滿足。因此，他們的心是富有的，同時他們也是快樂的。

我們的人生僅僅數十年，像什麼財務、虛名和高位等，只不過是身外之物而已，生不帶來，死不帶去。你即使無時無刻不在追逐它，對於貪心的人來說，永不會有滿足的時候，另外還會給你帶來無窮的煩惱。有時，我們之所以活得不快樂，是因為我們的不知足造成的。

生活中有很多人感到不快樂，其實都是由於人們的貪心造成的，都是人們自找的。對於我們的擁有，總是覺得不滿足，條件到達一個臺階後，還想邁向更高的臺階，這些無休止的慾望是導致我們煩惱的原因。生活其實是一個波浪式的，有波峰，也必有波谷。即使在波峰的時候，也全然忘記了自己所處的優越，即對幸福是習以為常了，就不會感覺到快樂了。

無事做時因無聊苦惱，忙碌時因辛苦煩惱；窮了發愁，富了擔心；對生活，我們經常只有吞嚥而無咀嚼，只是經過而不回眸，不快樂，就是因為我們要的太多。其實真正的人生是一種對紛繁誘惑的超越，對生命的透徹領悟，以及一種內心坦蕩明朗的境界。

滄海桑田，誰也不能逃離人生的潮起潮落，擺不脫方方面面的失意瑣事，但如果你能隨遇而安，淡泊寧靜，就可以品味出一種知足快樂的人生。知足常樂，是一種安於平凡而又隨遇而安的心境，是生活的一種自然流露，是一種自然的揮灑：機遇來時，及時抓住；機遇未到時，淡然處之而不失樂趣。而不管別人如何飛黃騰達，自己不側目，粗茶淡飯照樣健康美好。總之，快樂就存在於自己知足的感覺中。

學會知足，以一顆超然的心去面對一切，得之不驚，失之不怒，不為功利牽累，不為凡塵侵擾，不被煩惱左右，這樣才能不斷得以昇華。知足可以使我們的生活不必裝飾得表面上絢麗，卻也實實在在地安然而踏實。

一次只做一件事

一次只做一件事，一個時期只能實現一個目標，最忌的就是三心二意，見異思遷。要善於把我們的精力集於一點，猶如炸藥，集於一點的「爆炸效果」才驚人。人生的問題，其實並不怕多，怕的是混亂，如果把有限的精力分散到太多的事情上，那樣會疲於奔命，效率低下，徒增無窮的煩惱。

都市裡的上班族都經歷過這樣的場面：下班後，大街上眾多車輛穿梭，司機們都爭著搶道占路，結果發生了塞車，原因是，你不讓我過去，我也不讓你過去。大家互相指責，但浪費的是大家的時間，消耗的是大家的精力，而所有的車卻不能前進一步。試想一下，如果沒有交通紅綠燈，就沒有順暢的通行，因為大家都把時間耗在了毫無意義的路途爭搶上，都不能按時到達目的地。

細想一下，一條道在某一時間也只能透過一輛車，路上的車還得一輛一輛地開過去，最後所有的車輛才能開過去。這其實很像我們做事情，當一大堆事情擺在你面前的時候，我們要一件一件地做。在每一時刻，我們只能做一件事情，情況永遠都是這樣。「一次只做一件事」是很多成功者的祕訣，因為他們知道如何把自己有限的精力分配到最有價值的事情上，一絲不苟、專心致志地做，一直堅持到事情做完。

人生要做的事情有很多，但我們需要一件件地做。每做完一件事情，我們就會嘗到結果的快樂，這又促使著我們步入其他征服領域中去，所以，我們辛苦著，我們忙碌著，同時也快樂著。做事情如果沒有秩序，眾多要做的事情就會使自己應接不暇，而自己哪一樣都不會做好。所以在未來的諸多挑戰中，自己不能亂了分寸，告訴自己，要全神貫注於自己目前所做的事情，不要讓紛繁的世象干擾自己。就好像自己所從事的職業，最好能夠「從一而終」，如果你頻繁跳槽，就像挖井不停地換地方，沒挖到應有的深度，就永遠不會流出水來一樣，自己精疲力竭而毫無收穫。

有的人頻繁地換工作，就像「猴子摘桃子，摘一個扔一個」，結果兩手空空，什麼也沒有做成。其實，做好一份職業，需要一定的訓練和磨礪，能力如果不到水準，你就不能嘗到它的甜頭。所以，要想做好工作就要付出足夠的耐心和辛勞。

在繁華的大都市紐約，來往的人流每天都可以用人潮洶湧來形容，在紐約車站，恐怕世界上最緊張的地方要數那個只有10平方公尺的紐約中央車站問事處了。來自四面八方的旅客都爭著詢問自己的問題，都非常迫切地想知道答案，因此，對於問事處的人來說，他們的工作壓力和緊張程度可想而知。可是令人詫異的是，櫃檯後面的那位服務人員一點也不緊張，他身材瘦小，一副文文弱弱的樣子，倒是顯得有些自然輕鬆，鎮定自若。

他對面的一位旅客，全身已被汗水濕透，臉上充滿焦慮和不安的神色。這位問事處的先生傾斜著上身，幾乎是豎著耳朵，以便好聽清她的聲音。「夫人，你想要問什麼？」他邊說邊抬起頭，把目光鎖定這位婦女，「你要去哪裡呢？」這時，有一位打扮入時、提著皮箱、頭戴昂貴帽子的男子，試圖插個話。但這個問事處的服務員絲毫不理，就當他不存在似的，還是繼續著和那位婦人的話題：「你要去哪裡呢？夫人。」「春田。」「是位於俄亥俄州的春田嗎？」「不，是麻塞諸塞州的春田。」他根本不用看列車時刻表，直接說：「那趟車在10分鐘之內，第15號月臺出發。你根本不用著急，不用跑，時間還來得及。」「是15號月臺嗎？」「是的，夫人。」

女旅客剛走，這位服務人員又把注意力集中到另一位旅客身上，即戴著昂貴帽子的那位。但這時，那位婦女又回過頭來問這位服務員：「你剛才說的是15號月臺嗎？」這一次，這位服務人員對她的提問不再作任何解釋了。

有人請教這位服務人員時，說：「面對眾多的人流，你是如何做到保持冷靜的呢？」他這樣回答：「我並不是在和公眾打交道，只是在單純地處理一位旅客，處理完一位，再換下一位，在一天當中，我一次只能為一個旅客服務。

他的話說得多麼精彩：「一次只為一位旅客服務。」這和「一次只做一件事」有著異曲同工之妙。一次只做一件事，可以使我們的心平靜下來，心無旁騖，集中精力把事情做好、做透，但如果好高騖遠，見異思遷，就容易心煩意亂而不能做好工作。

因此，我們做事的時候，要把自己的精力集中到一件事情上來，盡可能地清除掉一切分散注意力的阻礙和想法，將自己全部精力集中在當前所做的事情之中。在實際的生活中，我們常被一些想不到的事情所困擾，各種各樣的冗餘資訊會不遺餘力地強加進我們的耳朵。因此，我們一定要學會專注於所做的事情。

一次只能做一件事情，並不是說不關注其他的事情，而是在工作的時候要專注，要做徹底。只有這樣才會真正有效處理好你身邊的每一件事情。人生像一個沙漏，漏斗內雖然裝了數不清的沙粒，但所有的沙粒都要一粒粒緩慢地透過細細的瓶頸，誰也不能讓所有沙子一下子都快速地漏下瓶頸。這就好比我們，我們就是那個沙漏，從早上醒來，就有很多事情在等著我們去做，我們必須一件件地處理，否則，我們會「撐著」，思維會混亂，進而對我們的心理和生理造成傷害。

在人生這個長長的旅途中，我們必須把握好今天，做好今天該做的事情，就是最大的提高，並在這個基礎上，再做事，再提高，循環往復。總之，一次只做一件事，不急於求成，踏踏實實，把腳下的每一步走好，這樣才能走得更穩、更遠。

把握需要，拒絕貪婪

古希臘哲學家艾皮科蒂塔說過：「一個人生活上的快樂，應該來自盡可能減少對外來事物的依賴。」

在古老的俄羅斯，有一個非常貧窮而又貪婪、自私的獵人，他養了兩隻獵狗，大獵狗已與他一起生活了十多年，而小獵狗還不會撲擊獵物。

某天，獵人帶著他的兩隻獵狗在及腰那麼深的雪地裡遇到了一隻極為珍貴的動物。當時，大雪封了半個月的山，人和狗已有幾天都沒吃到東西了。餓極了的大獵狗就像箭一般地向前撲去。獵人當然明白，獵物如果一死，牠的價值自然就比活著時便宜了十幾倍。

獵人情急之下向天鳴了一槍，企圖讓獵狗回來，但餓急了的獵狗怎麼會理解主人的槍聲呢！就在大獵狗剛撲到獵物的面前時，突然又一聲槍響，大獵狗只感到屁股上一陣疼痛，倒在了地上，滿含淚水地死去了。

兩年後，小獵狗早已長大，會撲擊獵物了，牠吸取了大獵狗的教訓，沒有獵人的指示，從不主動撲擊任何獵物，但等獵人察覺時，所有珍貴或不珍貴的獵物早已逃之夭夭了。

在又一次接連月餘的大雪天過後，獵人準備的糧食快要吃完了，於是單獨放獵狗出去尋找獵物。擁有自由的獵狗每天都能撲到足夠填飽肚子的兔子、山獾什麼的，並且都會給主人叼一兩隻回來，這讓獵人感到很奇怪。某天，獵人悄悄跟在獵狗後面。在雪裡，他們又碰到了一隻非常珍貴的動物，當獵狗準備向獵物撲擊時，牠的靈性突然感覺身後籠罩過來一股濃濃的殺機，往後一看，果然是主人黑洞洞的槍口正對著牠。聰明的獵狗對著主人一個屈膝，兩行淚水從眼眶滑落下來，而後一個轉身，疾速地向林中逃逸了，從此再也沒有回來。

獵人高興地抱著那隻珍貴的動物，準備等到雪化了下山去賣。過了六七天，雪不但沒融化，反而結了冰。這時，他的糧食早吃完了，無奈之下，他只好忍痛將那隻珍貴的動物殺了充饑，又勉強熬過了三天。

當快要停止呼吸的時候，獵人才醒悟自己對兩隻獵狗所犯下的錯誤：以往的日子，兩隻獵狗就是與他命運休戚相關的親人啊！

由於獵人的貪婪自私，竭澤而漁。最後是自食其果，自取性命。

欲生於無度，邪生於無禁。貪婪的人常常「得一望十，得十望百」，總想得到更多，結果事與願違。這正如古希臘的伊索在《伊索寓言》裡所說：「有些人因為貪婪，想得到更多的東西，卻把現在所擁有的也失掉了。」

所以，我們只要抓住我們所需要的，追求我們認為高尚的事物就行了，而不必陷入無窮盡的貪婪的煩惱中去。

第三章　何必在意別人的過錯——不因別人的責難而苦惱

良藥苦口利於病，忠言逆耳利於行。任何人都有表達自己感受的權利，不能因為你是我主管或處在優越的地位就讓別人緘默不語，其實這樣對你自己不利。當面對別人的無理責難時，你要像戴爾．卡內基說的那樣：「盡可能做你應該做的事，然後把你的破傘收起來，免得讓批評你的雨水順著你的脖子流下去。」生活就像一泓湖水，苦惱存在一個地方就會感到無盡的苦澀，但如果把苦惱溶於生活的水中，他就會隨風飄散。

不原諒別人等於懲罰自己

一位心腦血管權威專家曾說過：「人一般到了50歲的時候，因為動脈硬化每年血管大約會狹窄1％～2％；如果你有抽菸的習慣，或患有高血壓、高血脂，每年造成的狹窄會更多；要是生氣的話，一分鐘動脈就可能痙攣狹窄 100%，當時就有猝死的可能，而且大怒氣逆傷肝。」

美國《生活》雜誌曾刊載說：「人如果憤怒不止，就容易導致長期性的高血壓和心臟病。」據說美國芝加哥市的一位餐廳老闆就因為憤怒而亡。

有一次，這位餐廳老闆看到廚師用茶碟喝咖啡非常生氣，他發瘋似的抓起一把左輪手槍去追趕那個廚師。結果他的心臟病發作，劇烈的疼痛迫使他扭動著身軀轉了一圈後，倒地身亡。一個餐廳老闆就這樣死了，並沒有因為他的生氣而帶給廚師任何懲罰。

生氣是人的一種本性，但一場憤怒可能給人們帶來長期的傷害。即使是自己真的受了傷害，憤怒對自己也是沒有任何好處的，因為憤怒而產生的痛苦遠遠比事件本身帶給你的傷害更為嚴重。

從前，有一個婦女，常常為一些小事而生氣，她也知道這樣下去對自己不好，於是便求一位高僧為自己超渡解脫，以開闊心胸。

高僧知道了她的來意後，一聲不響地把她帶到一間空的禪房中，然後鎖門離去。

困於房中的婦女氣得跺腳大罵不止，罵了很長時間，高僧一點也不理會她。婦女無可奈何，開始哀求起來，高僧仍舊不理會她。最後，婦女發現她所做的一切都是徒勞的，就沉默了下來。

高僧來到門外，問那個婦女：「你還生氣嗎？」

婦女說：「我只是在為自己生氣，自己會到這個地方來受罪。」

高僧聽了，嚴厲地告訴她：「自己都不能原諒自己，怎麼能做到心如止水。」

又過了許久，高僧又問她：「你還生氣嗎？」

婦人說：「不生氣了。」

高僧問：「為什麼不生氣呢？」

婦人說：「氣也是徒勞。」

高僧這時說：「其實，你的氣還沒有消，只不過是壓在心裡罷了，一旦爆發，將一發不可收拾。你還不能走。」

當高僧第三次又來到關著婦女的禪房裡的時候，婦人主動對他說：「現在，我不生氣了，因為根本就不值得生氣。」

高僧笑道：「還知道不值得，可見心中還衡量，還是有氣根。」

夕陽西下的時候，高僧立在門外，婦人便問高僧：「大師，什麼是氣呢？」

高僧將手中的茶水潑在了地上。婦人觀察了好長時間，頓悟，拜謝高僧而去。

什麼是氣？氣就是從別人嘴裡吐出來，你接到嘴裡，便會噁心反胃。當你不理它時，它便會煙消雲散了。氣其實就是用別人的錯誤來懲罰自己的愚行。「夕陽如金，皎月如銀」人生的幸福和快樂還享受不盡，哪裡還有時間憤怒呢？

每一個人都有脾氣，但並不總是發火，人只有在喪失理智的時候，才會憤怒。我們都知道憤怒不好，但是並不是所有的人都能控制住自己的怒火。憤怒其實並不可怕，可怕的是怒過之後的耿耿於懷，只有那些在怒火後能迅速降溫的人才是有真智慧的人。沒有什麼比理解和寬容更能讓一個人理智點，所以千萬不要因為別人的一點傷害而燃起自己的怒火，結果傷得最重的還是自己。

在生活中，生別人的氣就是懲罰自己，如果是由於自己曲解了別人的意思而耿耿於懷的話，那就更不值得了，而且誤會了別人，惹火了自己。怒火是由自己燃起來的，理應由自己熄滅，只要你想熄滅，你就一定能熄滅，因為主動權掌握在你的手中。

別讓汙水流進心靈

面對別人的惡語相向，我們只需輕輕抹去即可，千萬不要讓它流入心靈裡發酵，因為發酵出來的滋味會折騰得你窒息，這在一定程度上也是對自己不負責任的表現，不愛護自己的表現。

在生活與交往中，遇到一些正常的批評並不是壞事，還常常會給我們帶來很多糾正錯誤的機會，但對於那些純屬個人攻擊、誹謗、中傷和詆毀等「汙水」，就不要去理它，這樣可以有效杜絕一些別有用心人的傷害。否則，如果讓惡意批評的汙水流進心靈，就等於中了敵人的詭計，傷害了自己，那就太不值得了。這時，我們應該表示出不屑一顧，像抹蛛絲一樣，不帶痕跡地輕輕抹去，就像革命家魯迅說的那樣：「最高的輕蔑是連眼珠子都不眨一下。」

有這樣一個佛陀，在一次旅行途中，遇到一個不喜歡他的人，可惡的是，那人竟用各種辦法誣衊他。這種誣衊持續了好幾天，而且伴隨了一段很長的旅途，如果換作任何一個普通人，都會和那個誣衊他的人打了起來，可是佛陀卻毫不理會。

等那個誣衊他的人罵夠了，正想悻悻而去時，佛陀轉身回問那個誣衊他的人：「如果有人想送給你一份禮物，但你一直拒絕接受，那麼，這份禮物應該是誰的？」

「很簡單嘛！禮物應該屬於那個送禮的人。」

佛陀聽了，笑了笑說：「我本來沒有過錯，這像禮物一樣，如果我一連幾天不接受你的辱罵，那就等於你一直是在罵自己了。」

那個辱罵他的人無言以對，便灰溜溜地走了。

生活在這個大千世界，對於來自外界的情緒影響是不可忽視的。只要我們自己心靈健康，別人如何也不會影響到我們。如果自己一味地沉溺於別人的想法或說法中，你就會陷入被動之中，甚至會被對方所拖累。

面對別人的非議，有智慧的人都很能「忍」，他們都是明大義的人，能以極大的意志力來抑制住自己將要如火山一樣噴發的情緒，使自己的心態盡可能地平靜下來，使自己不受干擾，將精力集中到自己所從事的事情上面，而不因小失大。特別是那些身居要職的人，遭受人為的非議是很正常的，這練就了他們高深的修養和寬闊的胸懷。

有一次，有一個無理取鬧的不速之客突然闖入洛克菲勒的辦公室，目標直奔洛克菲勒。在他辦公桌的對面，那個人用拳頭直擊桌面，咆哮著：「洛克菲勒，我恨你，我絕對有理由恨你！」接下來，這位暴跳如雷的傢伙謾罵他達10分鐘之久。

所有的人都為自己的老闆義憤填膺，以為洛克菲勒一定會拿起墨水瓶向他身上擲去，或者會吩咐保安把他給清理出去。

但讓大家想不到的是，洛克菲勒沒有任何回擊和反抗的行為，他停下手頭的活，用一種溫和的神情注視著這位不識趣的攻擊者。對方愈是急不可耐，他越顯得和善。

那個狂妄之徒對洛克菲勒的大度莫明其妙，他的囂張氣焰慢慢平息下來，甚至有些手足無措了。

最後，他又在洛克菲勒的桌面上狠狠地敲了幾下，但他得不到任何「回應」，自討沒趣地離去了。而洛克菲勒，就像什麼事情也沒發生一樣，重新拿起了筆，認真地繼續工作下去。

當一個人憤怒時，如果遇不到反擊，他不會堅持多長時間的，或許他已經想好了對方如何對待自己的無禮。例中的洛克菲勒就是不開口，讓無理取鬧的那個傢伙反而不知如何是好了。

我們每個人都有自己的目標，在行走的途中，一定要記著自己上哪裡去，然後把心態放平，不妨把那些所有外界的冷嘲熱諷和各種不平與侮辱，當作自己途中必先跨過的路中的一攤汙水；否則，我們如果太在意的話，就會深陷其中無法自拔。對於人生的路來說，永恆的平坦是沒有的，當我們碰到坎坷的時候，不如繞開走，如果真的繞不過去，最好能快速蹚過去。如果你真要「認真」起來，自己不僅會陷入一種使自己苦惱的小事中，而且最後連自己人生的追求都拋之腦後，那人生還有什麼意義呢？

坦然地面對別人的嘲諷

生活中的每一個人都有可能成為被別人嘲笑的對象，但如果在別人的嘲笑面前低頭彎腰，沒有直面的勇氣，心裡戚戚，就很難有一番作為。

每個人都有自己的主觀性，對事物的看法也都是有差異的，所以我們在生活中會經常感受到來自別人的嘲諷。特別是自己在從事一件新鮮事物的時候，開始可能會遇到來自各方面的阻力，這其實是很正常的。當遇到這種情況的時候，不要為此難過，要相信自己，要勇敢地面對，最後的成功才是我們所要的。總之，對於來自外界的嘲諷，每個人都有自己的處事風格：有的人不卑不亢，有的人笑對一切，有的人幽默化解……

作為美國前政界重要人士的康能，第一次發表演說時，就遇到了尷尬。剛從鄉間風塵僕僕地趕過來的他，渾身上下都顯得土裡土氣，讓一個言詞犀利、善於幽默和譏諷別人的議員抓住了「把柄」——在他演說的中途，諷刺挖苦了一句：「這位從伊利諾州來的新客人，衣袋裡一定還藏著滿滿的燕麥吧！」

眾人聽了，哄堂大笑，而康能不緊不慢地回答說：「真的，我不但衣袋裡裝滿了燕麥，而且頭髮裡還藏了許多菜籽呢！我們住在西部鄉間的人，多半是土裡土氣的，不過我們所藏的燕麥和菜籽卻也常常能夠長出很好的幼苗來！」

就這短短幾句樸實而又真實的回答，讓康得的大名立刻傳遍全國，大家因此給他起了一個外號，叫做「伊利諾州的菜籽議員」。在生活中，我們面對嘲諷時，不必為了它而把它帶進血液裡，蠻可以帶著燦爛的笑容，對諷刺挖苦的人說：「也許你是對的。」這是譏諷者最不願意看到的情景了。當然，假如你不露出笑臉，蠻可以轉身離去，這也是一個不錯的選擇。

面對別人的嘲諷，我們有權選擇自己的態度，而不必在意別人的看法，因為別人說的未必就是正確的。如果是正確的，我們何不進行改正呢？我們選擇了應對對方的方法之後，快樂就會立即來到我們身邊，而嘲諷就會成為一種毫無意義的聒噪。

公司的員工每天可能面對很多競爭者的嘲諷，但嘲諷者的出發點大多都是別有用心或動機不純的那種，而不是出於真心幫助別人，只是為了從背後拆台。如果要和嘲諷者認真，就必定中計無疑，於是，無窮無盡的煩惱開始纏上你。所以，我們對那些只會嘲諷別人的無聊者不必在意和理會，遇到這種情形不妨心胸開闊一點。你的「包容」眾人自然看在眼裡，還會以同情的眼光和批評的態度來摧毀嘲諷著，讓其自討沒趣，甚至慚愧不已。

如果真的放不下你的怒氣，不妨看看美國成功學家卡內基說過的那句話：從來沒有人會踢一隻死狗。有些別有用心的人之所以對你冷嘲熱諷，是因為你觸動了他們的利益，視你為「威脅」。正所謂，木秀於林，風必摧之；沙堤出岸，水必湍之；行高於人，人必非之。你應該為自己的優秀而高興才是。

德國大詩人海涅是一個猶太人，在一次宴會上，海涅遭到一個醜惡商人的惡毒攻擊。帶著醉意的商人不懷好意地對海涅說：「在我旅行的途中發現了一個島，這個小島上有件奇特的事。」海涅問：「什麼奇特的事？」商人陰險地笑著說：「這個島上竟然沒有猶太人和驢子。」海涅平靜地回答：「哦，如果真是這樣，那麼我和你到這個島上，就可以彌補這個缺陷了。」有的人一聽到別人的譏諷就會肝火上升、怒焰沖天，甚至像一頭髮怒的獅子一般大動干戈。

其實，衝動的結果只會中了敵人的圈套，折損了精力，對我們要做的事情是極大的障礙，所以我們不能自己傷了自己，也犯不著與對方生氣。自己只需機敏和開闊一些，只需幾句犀利的話便可揭穿對方的陰謀，這要比惱羞成怒好多了。

對惡意批評一笑了之

有些人的生活不是活給自己，倒像是活給別人看的，因為當別人對自己指手畫腳時，自己卻十分在意。他們喜歡得到別人的讚美，而一旦遭到別人的惡意批評，心裡就不自在起來，就會情緒低落、耿耿於懷，甚至無端地懷疑起自己，使自己的情緒變得更加糟糕。

當事業和前途有了很大的起色之後，自己準備向更輝煌的高度邁進時，就免不了受到別人的羨慕和嫉妒。

一個人如果強大或有了起色以後，很有可能遭到別人的「羨慕嫉妒恨」，甚至會引起他們的惡意攻擊。我們有時免不了這一「劫」，但只要進行充分的思想準備，不必把它放在心上，一笑了之，就能避免它帶給我們的負面情緒影響。

中國明代文學家屠隆在《續娑羅館清言》中說：情塵既盡，心鏡遂明，外影何如內照；幻泡一消，性珠自朗，世瑤原是家珍。意思是說，只要放下對塵世的眷戀之情，那麼心靈之鏡就會明亮澄澈，從外部關注自己的形象，不如從內部進行自我省察，驅除庸俗的念頭；只要看破現實，打消對如夢幻泡影一樣的世事的執著之念，那麼自身天性就會像明珠一樣晶瑩剔透，熠熠生輝，要做世間少有的通達超脫之人，最關鍵的還是要保護好自己內心的那一份淡然。

對於那些刻薄的惡意批評，美國著名總統林肯常常把一段話寫在紙上發洩，而不使自己感到不快。林肯的這段話被後來的英國首相邱吉爾裱掛在了自己的書房裡，它是這樣說的：「對於所有惡意批評的言論，如果我對它們回答的時間遠遠超過我研究它的時間，我們恐怕要關門大吉了。我自己將盡自己最大的努力，做自己認為是最好的，而且自己一直堅持到終點。如果證明結果我是對的，那些惡意批評便不去計較；反之，我是錯的，即使有十個天使為我辯護也是枉然啊！」

人人都有發表批評意見的權利，不管是對還是錯，這是你不能阻止的，只有自己才是真正的做事者，有時「旁觀者未必清」，他們的批評和立場是以他們自己的觀點來說事。只要自己認準了就無怨無悔地去做，其實最後取得勝利的往往是你自己。問題在於在做事的過程中，要排除這些不公正的惡意批評對自己心情的影響。

美國總統羅斯福的夫人曾經這樣告訴成人教育家卡內基：她在白宮裡一直奉行這樣的做事準則，避免所有批評的唯一方法就是「只要做你心裡認為是對的事，因為你反正是要受到批評的，做也該死，不做也該死。那就盡可能去做自己認為應該做的事情，對一切非議一笑置之，再也不去想它，這才是做事情成功的關鍵」。

不要斤斤計較

在這個世上，匆匆幾十年的人生一晃而過，我們應當對世間的一切寬宏大度些，如果凡事斤斤計較的話，只會給他人和自己帶來無窮盡的煩惱：朋友反目，親人疏遠，沒有親友的生活那還有什麼情趣可言？這對於人生價值的實現實在是一個不可逾越的阻礙，為了這些人生的小事而止步不前實在不值得。

幽默大師威爾．羅起士說過：「我從來沒遇見過不喜歡的人。」在1898年，他繼承了一個牧場，這裡就有一個有關的秩事。有一天，威爾．羅起士養的一頭牛闖入了附近一個農戶的田裡偷吃玉米，被農戶殺死了。依據當時牧場和農田的共同約定，農夫應該通知羅起士並說明原因，這樣雙方才算正確處理有關糾紛。但是不知為什麼，一意孤行的農夫卻沒有這樣做。

威爾．羅起士聽說這件事後，非常生氣，儘管當時的天氣剛好有一股強烈的寒流，他還是怒氣衝衝地帶著僕人去找農夫理論。當走到一半路程的時候，他和僕人都快被凍僵了，人和馬車也都掛滿了寒霜。

最後，他們兩個人艱難地到達農夫居住的小木屋，可惜農夫卻不在家。農夫的妻子熱情地招待他們進屋等待農夫，在屋裡羅起士看清了農婦消瘦憔悴的面龐，在屋角還看到五個像瘦猴一樣的孩子。沒有多長時間，農夫就回來了，農婦指著羅起士告訴他：「他們兩個是冒著寒風來找你的。」這時的羅起士本想和農夫理論一番，不知為什麼，他停住了，伸出了自己的手。

農夫卻完全不知道他倆的來意，他熱情地與他們握手和擁抱，並邀請他們共進晚餐。在用餐的時候，農夫充滿歉意地說：「真不好意思，委屈你們只能吃一點豆子，本來可以有牛肉吃的，但是遇著了這樣的鬼天氣，沒有準備好。」五個在旁邊的孩子聽說有牛肉吃，眼裡頓時有了神采，興奮得不停。

羅起士的傭人一直等著他處理殺牛的事宜，但羅起士好像全忘了此行的目的，還與農夫的家人一起開心地說笑。吃飯過後，天氣依然惡劣，熱情的農夫一家要求他們兩個人一定要住下來，等天氣好了再回去。羅起士和傭人盛情難卻，於是在農夫家裡住了一夜。

第二天早上，他們用了一頓豐盛的早餐之後，就告辭而去。這次寒流之行，羅起士自始至終對此行的目的閉口不言。在回家的路上，傭人忍不住問他：「我認為，你會為了那頭牛去討個公道呢！」羅起士微笑著說：「開始本來是有這個念頭的，後來自己考慮了一下，決定不再追究。其實，我沒有白丟一頭牛，得到了一點人情味，畢竟牛在任何時候都可以得到，而人情味卻不是這樣。」本來想去和農夫理論一番的羅起士，由於農夫一家的熱情招待，使本來不快的羅起士收回了自己的索求。

生活中，我們應該像羅起士那樣，不要太計較，也不要用自己的尺規去衡量別人，多想一想別人的好，忘掉不好的，你會發現周圍一切都好，事情不像想像的那樣。

在廣闊的大自然中，事物都是有差異性的，沒有兩樣東西是完全相同的，即使是雙胞胎也是如此。在人生中，由於各人的觀點、立場和人生經歷的不同，總會有不一樣的聲音充斥你的耳旁，這時，即使你聽到不利於自己的聲音也不要過於憤慨，不妨從別人的角度好好想一想，這既瞭解了別人的內心想法，又理解了別人。

在這個地域廣闊的中國，有的地方面積大，有的地方面積小，比如，新疆地大物博，資源豐富，但具有一望無際的大沙漠；上海面積相對狹小，人口稠密，但經濟非常發達。所以，每個省、市、區都有自己的長處和短處。

對於很多事情來說，都有一個機率，即使是天平，也有著毫釐之差，就有如世上的事物一樣，絕對的公平和公正是沒有的，宇宙本來就允許差異化的存在，凡事一刀切的說法是不可能的。既然這樣，對擁有短暫人生的我們來說，在一些小事上根本不需要斤斤計較，否則，只會使事情向著複雜化和鬥爭化的方向發展。

其實，我們只需把人生關鍵的和大的方面把握住就足矣，那就是，做事不拘小節，大行不顧細謹，大禮不辭小讓。我們對人對物不妨寬容大度些，因為大家聚在一起就是大自然賦予我們的緣分。我們在親人面前可以享受親情，在朋友面前可以享受友情，而實在沒有必要計較來計較去，既惹得親朋之間反目，又使自己心煩，處於大事不能做、小事做不好的內耗狀態。

所以，我們不要對一些小事斤斤計較，要放寬心，少些煩惱，多些快樂，自自在在，延年益壽，樂在其中！管仲二十來歲時就結識了鮑叔牙，二人起初合夥做點買賣。管仲家境貧寒就出資少一點，鮑叔牙出資多一點。生意做得還不錯，但有夥計發現管仲用賺的錢先還了自己欠的一些債，錢還沒入帳就被花掉了，於是都為鮑叔牙鳴不平。

更可氣的是，到年底分紅時，鮑叔牙分給管仲一半的紅利，管仲也欣然接受了。這可把鮑叔牙手下的夥計氣壞了，其中有個人對鮑叔牙說：「他出資少，而且平時開銷大，年底還照樣和您平分效益，顯然，他是個十分貪財的人。我如果是管仲的話，一定不會厚著臉皮接受這些錢的。」鮑叔牙斥責手下道：「你們滿腦子裡裝的都是錢，就沒發現管仲的家裡十分困難嗎？他比我更需要錢，我和他合夥做生意就是想幫助他，我情願這樣做，此事你們以後不要再提了。」

眾所周知，鮑叔牙面對齊國相位不為所動，首先想到具有雄才大略的管仲，使其人盡其才，流芳千古，而且，他們之間的友情也成了世人的楷模。至於生意中的小利，鮑叔牙不斤斤計較，而從朋友的實際情況出發，確實難得。

反觀我們，在與同事天天工作相處的過程中，常常為一些雞毛蒜皮的事斤斤計較，而一旦自己犯了錯誤，則可以「原諒」自己，久而久之，和同事們的關係越來越緊張，越來越疏遠。

對自己而言，友情盡失，常常會陷入壓力不斷加大的處境，甚至時時提防對方，活得累不累？

其實，在我們工作的場所，有著不同生活經歷、不同愛好興趣和不同文化背景和性格的同事聚到一塊工作，這本身就是一種天大的緣分和福分。大家本來就是為了同一個目標——公司的發展目標，走到一起的，應該同心協力，團結協作才對。

如果不去珍惜這個大好的環境，只想著別人會超過自己，只想著哪一天會取而代之，於是處處給別人陷害，告狀，而為自己四面樹敵，天天提心吊膽，自己還有快樂可言嗎？

在工作中，還有一些人把自己的利益看得比天重，他們什麼虧也不想吃，什麼工作也不想多做，常對自己的錯誤「網開一面」，但他們什麼便宜都想占，什麼待遇都想要，貪得無厭，而對於別人的權益看得輕如鴻毛，對別人的工作高標準、嚴要求，吹毛求疵。這樣的人是不會受歡迎的。

在現在的生活中，我們應該提倡「嚴於律己、寬以待人」的原則，為自己和同事們營造出一個和諧、寬鬆和積極進取的工作環境。為了在一起工作的緣分，我們應該積極地嚴格要求自己，在工作中與他人積極配合，互相幫助，營造一種積極和諧的環境。

面對別人的失誤，我們應該以寬闊和磊落的胸懷去安慰。在與同事們一塊工作的環境中，我們不妨「寬以待人，胸懷大度」些，對別人的失誤給予人文的理解，盡可能地避免和同事們去爭那些瑣碎的小利益。總之，只有「目光遠大，寬容大度」才能盡展智慧，才能有所作為，才能過得幸福快樂一些。

讓人一步又何妨

在生活中，我們免不了要和親朋好友、鄰居、同事等與我們有關係的人打交道，相互之間，難免會發生一些不愉快的小磨擦。人都會犯錯誤，當別人在無意中做了一些不利自己的小事時，讓他一步又何妨呢？人非草木，你施以友情就會得到友情，施以快樂就會得到快樂。

古代有個叫陳囂的人，他與一個叫紀伯的人做鄰居。有一天夜裡，紀伯偷偷地把陳囂家的籬笆拔起來，往後挪了挪。第二天早晨，陳囂發現自己家的地盤少了一點，心裡想，你不就是想擴大點地盤嗎，我滿足你。等紀伯走後，他又把籬笆往後挪了一丈。天亮後，紀伯發現自家的地又寬出了許多，知道是陳囂在讓他，他心中很慚愧，於是主動找上陳家，把多侵占的地方通通還給了陳家。

故事中陳囂讓步的結果是，鄰居之間的疙瘩和敵視沒有了，雙方又過上了和諧安寧的快樂生活。表面看來，陳囂吃虧，但實際上，這又是一種多麼寬廣的胸懷和氣度。如果彼此都不相讓，大打出手，勢必會兩敗俱傷，倒不如稍作退讓，免去雙方的誤解和不快，豈不更好？

《菜根譚》中有「經路窄處，留一步與人行」的道理，意思是說，在雙方的利益發生矛盾的時候不妨讓別人先得利，自己退讓一步。否則，就是自討無趣，自討苦吃，如下面的例子。

歌德是德國偉大的詩人，他的很多詩歌在民間廣為傳頌，但在他生活的那個時代，仍有很多人對他的作品懷有很深的成見。有次，歌德就遇到了這樣一個懷有偏見的傢伙。

那是在德國魏瑪公園裡，當時歌德正在一條窄窄的人行道上散步，發現對面走來一位曾對他的作品提過尖銳甚至是挖苦的批評家。當兩人走到一起的時候，面對面地停住了。只見那位批評家驕橫地說道：「我從來不給蠢貨讓路。」歌德則說：「而我正好相反！」說完笑容可掬地退到一旁。那位不可一世的批評家走過去更加氣急敗壞了，可是張著嘴半天說不出一句話來。

歌德對那位向他發難的批評家退讓一旁，讓那位批評家先過去，這不僅顯示了他豁達的情操和高雅的風度，而且僅用了一句話就對他進行了「禮讓」，這難道不是一種巧妙的還擊嗎？日常生活中常常發生著這樣雞毛蒜皮的小事，比如排隊存取款的時候，買火車票的時候，等等。我們可能沒有詩人的幽默感，但總會有一點讓人的氣度吧——讓他一步又何妨？這樣做的結果可以給我們帶來如下好處。

（1）就算他確有急事，讓他一步也是做了一件好事。

（2）跟這樣無禮的人較勁，實在沒有必要，倡狂的人自有倡狂的人對付，讓他到別人那裡碰壁吧。

（3）俗話說：忍一時風平浪靜，讓一步海闊天空。讓步後，不會使自己頭腦「發熱」，甚至心跳加速，血壓升高，給自己帶來不快又何苦呢？

總之，在平常的生活中，一定會遇到許多需要作出微小犧牲的小事，這時，我們不妨心胸開闊些。「退一步海闊天空，萬里長城今猶在，讓他一步又何妨？」如果你能這麼想，就不會為了一點雞毛蒜皮的事情而不快樂了。

給自己來一個大清點

當一個人面對來自四面八方的非議和批評時，與其煩惱不堪，不如好好地檢討一下自己，該反思的反思，該批評的自我批評，有則改之，無則加勉。並不是所有的批評和指責都是空穴來風，當大部分人的批評有理或出於不同觀點的時候，你應該檢討自己的行為或酌情吸收別人的不同觀點。

人生路上，遇到責難是難免的，重要的是要有一定的修養、氣度、胸懷和魄力，善於借鑑別人的不同觀點，以豐富和提高自己。人的觀點千差萬別，遇到衝突在所難免，重要的是交流，很多時候，別人提出的建議往往是自己獲得突破的基點，所以在生活中遇到阻礙的人不要煩惱，以一種正確的心態對待。

自古以來，哪一個著名人物沒有遇到過責難，但他們沒有煩惱；相反地，他們從中得到了益處：常常加以吸收利用，既磨礪了自己，又提高了自己。久而久之，他們成了善於管理自己情緒的人，成了善於處理事務的人，再也不會因外來的因素而讓心靈受到指責和批評的侵擾，因為他們深深懂得訕笑、批評、毀謗的石頭，恰恰是通向自信、瀟灑自由的階梯。或許別人不經意間一句蔑視和尖刻的話，會像一把尖刀插在你的心上，讓你苦惱，讓你痛苦，甚至成為你一生都揮之不去的陰影，但往往就是這句話可能會成為你人生最大的動力。

維克多．格林尼亞教授就是一個典型的例子。1897 年，維克多．格林尼亞出生在法國瑟兒堡一個有很高地位的資本家家庭。他的父親擁有龐大產業，有著巨額財富。俗話說：紈絝子弟少偉男。用在早期的他身上也同樣適合。

在青年時代，家境優越、備受父母溺愛的他成天遊蕩在瑟兒堡的大街上，盛氣凌人。那時他沒有自己的事業追求，更沒有志氣，根本不把學業放在眼裡，成天混於上流社會，過著放蕩不羈的生活，夢想著自己有一天也成為一名達官貴人。

在一次午宴上，剛從巴黎來瑟兒堡的波多麗女伯爵竟然毫不客氣地對他說：「請給我站遠一點，我最討厭花花公子擋住視線。」他雖是一位富家花花公子，但強烈的自尊心在此刻受到了嚴重傷害，要知道由於他的英俊瀟灑，瑟兒堡年輕漂亮的姑娘都願意和他談戀愛。波多麗女伯爵的話竟把他一下子擊倒了，於是偏執、瘋狂和自卑襲上他的心頭，但過了不久，他就開始醒悟了，開始反省過去，後悔過去浪費的光陰，對自己的人生產生了苦澀和羞愧之感。

從此，他開始發奮學習，追趕自己過去曾經揮霍掉的寶貴時間。每當靈魂和肉體變得麻木的時候，他就用女伯爵的這句話來激勵自己，使自己感覺到痛楚。後來，他為了擺脫優越生活對自己的影響，主動尋找一些苦頭。他離開了家庭，走前給家裡留下一封信，上面寫著：「請不要找我，我要刻苦學習以彌補過去荒廢的學業，相信自己會有一番成就的。」

維克多．格林尼亞來到里昂，拜路易．波韋爾為老師。透過兩年扎實而勤奮的學習，他終於彌補上了過去所落下的全部課程，之後，他又進入里昂大學就讀。大學裡，他的刻苦勤奮贏得了化學權威菲力浦．巴爾的器重。在這位權威的指導下，他把所有著名的化學實驗重新做了一遍，並準確地修正了一些錯誤和不完善的地方。終於，他的成果漸漸顯露出來，以他的名字命名的格林試劑在這些大量而平凡的實驗中誕生了。

一旦開啟了成功的大門，他的成果滾滾而來，後來他在化學領域有了很多重要的發現。為此，瑞典皇家科學院授予他 1912 年度的諾貝爾化學獎。此間，他又收到了波多麗女伯爵的賀信，信中只有一句話：「我永遠敬愛你。」當一個人受到別人的責難時，也許他仍舊默默無聞，洩氣到底，依舊我行我素，而一旦認識到自己的缺陷，就會爆發出一種驚人的力量。大器晚成，猶未晚也。

而刺激和享受並不能使人過得幸福快樂，只有實現自己的價值，才會擁有真正的快樂。浮躁愚蠢的人可能遭受一點責難就暴跳如雷，氣急敗壞，而聰明的人則會利用阻礙和反對他的人走向成功的路途。

所以，當我們遇到別人責難和非議時，不要急著衝動發火，要學會控制自己的情緒，清點一下自己的所作所為：有則改之，無則加勉。這樣，你就可以讓自己的心態在良性的迴圈中得到健康發展，自己的身心也將保持輕鬆和愉快。

當別人故意對你或存有敵意或冷落你時，其實他這是在釋放一個信號，那就是在告訴你應該如何對待他了。別人對你施以輕視或怠慢時，就說明你在某一方面對他存有威脅或有了不利於他的言行，而使他耿耿於懷。當我們面對這種情況的時候，不必迴避和退縮，更不能以牙還牙，我們可以放低姿態，露出自己坦誠的笑靨，主動示好，弄清事情的真相，清點一下自我。

清點的結果：疙瘩解開了，煩惱沒有了。

別懷著怒氣投入戰鬥

懷著怒氣做事的人，有如一個喪失理智的統帥，沒等敵人把他打垮，就被自己發出的怒火燒傷了，一個精神受傷的人怎麼能打勝仗呢？

面對別人的挑戰，不要懷著怒氣而戰，一個喪失理智的戰士在戰鬥中，往往會必輸無疑。雖然中國古代有「哀兵必勝」一說，但滿懷怒氣、喪失了理智的哀兵未必能勝。

比如，那個一心為關羽報仇的劉備，傾全國之力，大舉興兵攻打東吳，而最後落得兵敗早死的下場。西元219年，關羽死後，劉備痛哭不已，對東吳仇恨有加，不顧群臣苦諫，興兵伐吳。以怒興師，恃強冒進，在策略上犯了兵家大忌。那個粗魯的張飛鞭打部下范疆、張達，二人刺死張飛投吳，這讓處在悲痛中的劉備痛上加痛，恨上加恨。

一開始，劉備打了一系列的小仗，連勝東吳。後來，孫權派使者求和，劉備沒有見好就收，而是斬了使者，繼續向東吳發難，孫權只好拜陸遜為大都督應對局面。那個聰明的陸遜堅守不戰，以待蜀軍兵疲意沮時，火燒蜀營，大獲全勝。劉備敗走白帝城，感傷懊悔而病，臨終前托孤於諸葛亮，爾後就死了。

在很多史學家看來，這是一場勝也敗、敗也敗的戰爭。原因在於劉備為了自己公報私仇，懷著怒氣戰鬥，一意孤行，而不聽諸葛亮事前的調兵部署，結果蜀軍幾乎全軍覆沒。在衛兵的拼死保護之下，劉備才撿了一條性命，但從此憂鬱攻心、一病不起，最後撒手而去。

即使自己受了天大的委屈，也要先靜下心來，理智而冷靜地分析形勢，對比一下敵我力量，採取什麼行動，有什麼打算都要考慮好，不打無準備之仗。只要留得青山在，就不怕沒有柴燒。在敵我力量懸殊的時候，不可硬來。

在生活中，我們想改變某一事物的時候，只要靜下心來，換個方式或者改變一下思路就能解決困擾自己的難題。

有一個退休的老人在鄉下買了一座幽靜的宅院，準備快樂地度過餘生。一開始的時候，老人一天到晚都很安靜快樂。但不久，過來三個年輕人，他們一連幾天都在附近踢所有的垃圾桶。這個老人受不了踢垃圾桶發出來的雜訊，於是，主動出去和三個年輕人攀談。

「夥計，你們幾個是不是玩得很開心呀？」他溫和而有禮地說，「如果你們能堅持天天過來踢垃圾桶，我每天給你們一塊錢作為獎賞，如何？」三個年輕人聽了老人的話非常高興，於是，他們拼命地踢著垃圾桶。

過了幾天，老人滿面愁容地去找他們三個人，說：「通貨膨脹使我的收入減少了，從現在起，我每天只能付給你們五角錢了。」雖然製造噪音的三個年輕人不太滿意，但這個結果還是能夠接受的，於是他們仍舊踢著垃圾桶。

過了一個星期，老人帶著歉意的表情又去找他們，說：「瞧，我最後沒有收到養老金，所以我每天只能付給你們每人兩角五分錢，可以嗎？」「只有可憐的兩角五分錢？」一個年輕人不滿地大叫，「你以為我們會為了你那區區兩角五分錢去浪費時間在這裡踢垃圾桶，太划不來了，我們不幹了。」

此後，沒有了垃圾桶發出的噪音，這個老人重新過上了寧靜快樂的日子。對於事物，有如防洪，不能一味地去堵住，要像大禹和上面這位老人那樣，善於疏導，斥責只會加重他們的逆反心理，迂回的方式，會使他們心甘情願地放棄。

學會克制自己

學會克制自己是一件非常不容易做到的事情，因為我們每天都是在理智和感情的較量中度過的。不能克制自己的人，往往會被別人克制。學會克制自己，保持心中的一份坦然和美好，這也是一種難得的快樂。

每個人都有自己的情緒好壞，即脾氣，即使是愚人或傻瓜也不例外。如果你一遇事就很長時間近乎歇斯底里，而不能平靜下來，那麼，這對你的身體或者精神絕不會有好處。很多人都是因為不能克制自己而被氣死了。有的人脾氣向來火爆，做事情常常不考慮後果，這讓其身邊的親友擔憂不已，生怕哪一天就給他們捅下天大的婁子。這樣的人就像鞭炮，只要經過別人一點，立刻「爆炸」開來，他們更容易被一些別有用心的人所蠱惑利用。

俗話說：「壺小易熱，量小易怒。」當遭受別人譏諷和不公平對待時，不要憑著衝動，發洩一通而損害了自己的心理健康，甚至遭受更大的損失。動輒發脾氣、動肝火是胸襟狹窄、氣量太小的表現，這往往是不明智的。

有一個十分任性和性格暴躁的孩子，他說話粗野，常常遭人討厭，夥伴們都不願意和他玩。他的身邊沒有了夥伴，他常常為此而苦惱。這時，他的父親告訴他：「當自己發脾氣，將要克制不住自己時，就在門前的那棵樹上釘一枚釘子。」

那個小男孩照著父親的話，認真地去做了，而且還時常叮囑自己，遇到相同的事情不要犯同樣的過錯。時間一長，他發現，自己不但克服了憤怒情緒，還有很多意想不到的好處：遇事不慌，能掌握自己，常常能把事情做好。

一開始的時候，他每天在樹上釘的釘子很多，後來，樹上釘滿了釘子，但每天在樹上釘的釘子越來越少了。有一天，他興奮地問父親：「我已經有好長時間不釘釘子了，知道了如何克制自己，對於那些不講道理的人也有辦法應對了，和別人的關係越來越融洽。」

父親說：「你學會了以平和的心態去對待別人，這正是我想要得到的結果。以後，每當你解決了和別人的矛盾，不再無故地傷害別人時，每發生一次，就從樹上拔掉一枚釘子。」

過不了多久，當孩子想要發洩自己壞脾氣的時候，就想想父親說的話，努力克制著自己，調整好心態後，就從樹上拔掉一枚釘子，漸漸地，樹上的釘子被拔光了，因為他完全掌握了如何對待自己周圍的人和物。

這次，他又高高興興地向父親匯報，父親很平靜地帶他來到了大樹下，指著那些密密麻麻的釘子眼說：「孩子，每當你脾氣暴躁傷害了別人以後，留在人們心上的傷疤就像這些釘子眼，是很難消除的，傷害一個人很容易，恢復美好的情感卻是相當困難的。」

孩子羞愧地低下頭，對自己以往的過失懊悔不已，密密麻麻的釘子眼就像釘在自己心上一樣讓他痛苦不堪，但他已經學會了克制自己。父親用最有效的方法成功地使兒子改掉了壞脾氣。

其實，憤怒是我們普通人在生活中常遇到的一種問題，它是心理的一種反應。但我們應該做自己情緒的主人，不能任由壞脾氣無限制地蔓延，不能被它所主宰。

競爭激烈的職場是最容易滋生怒氣的地方，在辦公室你是不是經常雷霆震怒，滿腔怒火無法釋放，最後燒到自己或同事？

其實，生氣對於解決事情來說，毫無作用和意義可言。如果能學會管理自己的情緒，則能更好地馳騁職場。其實，最重要的因素還是與自身的問題有關，像精神方面的問題，如憂慮、心理失衡等。還有性格方面的問題，很多人天生有一種表現和支配別人的慾望，喜歡控制和指使別人，也容易激起別人的憤怒情緒。

憤怒是一種很傷自己健康的負面情緒，它來自外在的刺激和自我認知之間的矛盾，只要我們生活在這個世界上，它就將伴隨我們一生。這個矛盾滋生的惡果會使人際關係變得緊張起來，或許別人不經意的一句話，自己就變得異常敏感，導致自己久久不快樂，甚至會發生像失眠和胃潰瘍等方面的疾病。

在維護自己合理利益的前提下，用調節的方法來化解自己的怒氣。自己想釋放憤怒時，不妨用寬容的方式多瞭解一下對方，多從對方的觀點和角度看問題，自己適當地謙虛一些，這樣有助於化解人際關係的疙瘩。此外，當我們的大腦高度運轉了幾天或更長的時間以後，不妨身體多運動運動，為自己營造一個好的心境。

海納百川

莊子在其《莊子．秋水篇》中說：「天下之水，莫大於海，萬川納之，不知何時止而不盈。」意思是說，大海之所以浩瀚無邊，是因為它容納了一切河流之水。大海從不放棄自己的追求，總是大度地容納一切，這也常常比喻一個人要想有氣度和容量，就必須吸收來自四面八方的見解和知識。

在很久以前，有一個長得很矮的小和尚被師父派去市集買東西。當小和尚回來的時候，師父發現弟子滿臉愁容。

於是師父就問：「究竟發生了什麼事情，看你這生氣的樣子？」小和尚氣呼呼地說：「我在集市上的時候，他們都嘲笑我，不停地追著我看，他們笑我個子長得矮。可是這些俗人哪裡知道，我的個子雖然不高，但我的心胸寬著呢？」師父聽完他的話，什麼話也沒說，只是拿了一個臉盆，帶著他走向海邊。

到了海邊之後，師父用臉盆裝了滿滿的一盆水，然後往裡面投了一顆小石頭，只見臉盆裡的水立刻飛濺了出來，然後師父又撿起一塊大石頭，使勁扔入前方的大海裡，風平浪靜的大海沒有任何回聲。

這時師父說話了：「你不是說自己的心胸很大嗎？可是我看不見，人家只說了幾句你不中聽的話，你就生這麼大的氣，就像這個丟進小石頭的臉盆一樣，水花四面飛濺。」他一聽，頓時慚愧不已，和寬廣的大海比起來，自己的心胸實在是狹窄得很，就好像那個小小的臉盆一樣。老師父形象地用無邊的大海和很小的臉盆，把二者的「寬闊程度」巧妙地區別開來，從而讓弟子明白自己的心胸其實很狹窄，以起到教育徒弟的目的。

春秋戰國時期的鮑叔牙就是一個有著寬闊心胸的人，他對管仲一次次的援助、寬容和諒解，一步步地把管仲推向相國之位。有一次，齊國和鄭國打仗，雙方打得很激烈。每當到了要衝鋒的時候，管仲總是藏在最後面，而到了退兵的時候，管仲卻飛一樣地逃走。

為此，當兵的都嘲笑他，說他貪生怕死，甚至領兵的軍官想殺掉管仲，以便對那些貪生怕死的士兵以「殺雞嚇猴」。就在決定管仲腦袋的離合之際，又是鮑叔牙第一個站出來，替管仲說話道：「管仲這個人，我最瞭解，他家裡有80多歲的老母需要照顧，他不忍心比老母早去，不得不忍著屈辱以盡孝道。」

管仲聽了鮑叔牙的話，感動得流下了眼淚，曾哭泣道：「生我者父母，知我者鮑叔牙。」兩年後，管仲的母親去世，管仲心裡沒有了牽掛，這才放下心來，在戰場上打仗比誰都英勇，而且很快得到了提拔。

後來，鮑叔牙說服齊桓公任用管仲為相國，儘管當時管仲曾經用弓箭射過齊桓公，齊桓公摒棄前嫌。甚至在管仲臨終時，齊桓公還問他：誰接替他的相國合適？管仲接連說出了三人，第四人的時候才說出鮑叔牙。對此，鮑叔牙絲毫不予計較，還稱讚管仲以國家利益為重，私交再好也比不上它。

正因為鮑叔牙的寬容大度，管仲才得以在政治舞台上一展才能。他們兩個人相得益彰，他們的人生都獲得了極大的成功，成為戰國時期的知名人物，都在中國的歷史上留下了自己的一頁。兩個人之間發生的故事其實很值得我們學習，他們之間，沒有嫉妒，沒有競爭，沒有同室操戈，而是同心協力，兩人都得到善終。

能夠傳入我們耳中的不會永遠是讚揚，但恰恰相反，在我們耳中逗留的往往是對自己的批判和鞭撻，如果你的心胸不是那麼寬廣的話，你可能會為別人一句不經意的話而耿耿於懷、鬱鬱寡歡。暴躁和衝動可能會是你的態度選擇，其實，你大可不必這樣，不如海納百川成其深。在生活中我們必須試著接受所有的事物，不論是好的，還是壞的，這對於我們來說也是審查自己是非的機會。

比如，本來你對自己的工作認真負責、兢兢業業，這當然是一種可貴的品質，而當別人對你進行無理指責時，你要先接受這個現實，因為一般情況下，別人的指責不是權威，不是經典，結論並不一定正確。你只有接受了這個現實，才不會由於別人立場的不同，說了不利於自己的話而憤怒。

這時，你不必辯解，不妨用正確的分析「取其精化，去其糟粕」，看看他的「看法」裡有沒有正確的因素，關鍵的是用時間來洗刷和證明自己。特別對一個領導來說，海納百川對自己有著重大的意義，一個心胸寬廣、能夠傾聽和接受不同意見的人，才能把事情做好，才能毫不猶豫地拋棄個人一己之私，才能永立於領導職位。

堅忍換來好結果

人經常會遇到一些不公正的待遇、人為的阻礙和各種各樣的不幸，這是在所難免的。這時，我們要善於堅忍，試著用溫和的方式來代替心中的怒火，常常能為自己換來好的結果。

愛好戲曲的人大概都看過《鞭打蘆花》的故事。孔子的學生閔子，八歲喪母，他的父親又娶了後妻姚氏。後來，他的繼母姚氏生下了閔革和閔蒙兩個兒子。繼母非常偏寵自己親生的兩個兒子，對幼小的閔子常常虐待，並常常說他懶惰，但閔子誠實、厚道有加，毫無怨言。

有一年年末，他們和父親驅車外出訪友，由閔子負責趕車。當車子到了蕭縣城南一個村莊的時候，一股寒流襲來，朔風怒吼，凜冽刺骨，凍得閔子顫抖不已，結果凍僵的手指將趕牛的韁繩和鞭子皆掉在了地上，失去控制的牛車立刻翻倒在雪地裡。他的父親看了，感覺真像後妻說的那樣：閔子懶惰。

於是，他的父親非常生氣，拾起牛鞭，狠狠地抽打著他。不料，鞭落衣綻，閔子的衣服露出了大塊大塊的蘆花，蘆花紛飛。這時，疼痛並饑寒交迫的閔子暈倒在雪地裡，其父見此驚奇不已，待撕開其他兩個兒子的衣服，見到盡是絲絮後恍然大悟（春秋時尚無棉花，棉衣以絲絮套做而成，而蘆花不能禦寒），這才知道了後妻虐待前子的惡行，連忙脫下自己身上的衣服裹住暈倒的閔子，掉回車頭返回家中，舉鞭子抽打後妻，並立刻寫下休書，要把後妻趕出家門。

甦醒過來的閔子看到這一切，卻長跪在父親的面前，苦苦哀求父親不要趕走後母，誠懇地對父親說：「母在一子寒，母去三子單。」父親聽了閔子講出的一番道理，遂甘休妻之事，繼母聽了閔子的話深受感動，她痛改前非，待閔子如自己的那兩個親生子一樣，成為慈母，家庭從此溫馨和睦。

相信看到這個故事的人，當看到閔子的處境和行為後，每個人都會為之落淚感動。閔子的忍耐換來了家庭的和睦，換來了繼母的良知和溫情。堅忍的閔子最後成為中國古代著名的思想家、教育家、政治家，也是儒家學說的創始人之一。

俗話說：「伏久者飛必高，開先者謝獨早，知此，可以免蹭蹬之憂，可以消躁急之念。」我們懂得沉著等待時機。就好像長久潛伏林中的鳥，一旦展翅高飛，必然一飛沖天；急於開放的花朵必然會提早凋謝。也就是說，對於一些事情是急不來的，凡事「自有定數」，在「氣數未盡」時，我們不妨好好修練，儲備精力，機會來時再一舉成功。特別對於那些處在逆境中的人們來說，要懂得在忍耐中積蓄力量，因為事物總是在發展變化的，等有轉機的時候，就是一鳴驚人的時候，但如果不具備轉機的能力，也是不行的。

中國有一句古語：「三十年河東，三十年河西。」忍耐不是無所作為，而是為了等待時機，所以這時的你必須注意磨礪自己，即使是忍受痛苦也是為了將來的成功而戰，那時自己就會得到彌久的幸福快樂。

在第二次世界大戰期間，維也納的律師羅納先生逃到瑞典，他人生地不熟，一文不名，所以境況非常窘迫。那時的他急需找到一份工作，以維持生存。由於會說幾個國家的語言，他希望自己能在一家出口公司裡謀取一份工作，但所有公司的回應令他非常失望：由於正在打仗，他們根本不需要外國的人，不過他們會把他的名字存入公司檔案，等需要時再通知他。其中，一家公司在給他的回信中說：「你根本不瞭解我們公司，真是一個既蠢又笨的傢伙，任何替我寫信的祕書，我都不會需要。即使需要，我也不會請一個瑞典文信裡全是錯字的人。」

當看到這封回信的時候，他都快氣瘋了，於是想立刻寫封信予以還擊，但他立刻冷靜下來：「或許這個人說的是實情，我雖然學過瑞典文，但並不是自己的母語，也許自己犯了許多自己不知道的錯誤。」如果是這樣的話，我的瑞典語需要努力學習，是這個人發現了自己的弱點，他這是在幫我的忙呀！我怎麼能回罵他呢，應該感謝他才對。

於是，他撕掉了那封本來想要回擊的信，另外寫了一封真誠感謝的信，信中說：「我非常感謝您花費精力為我回信，尤其知道了您並不需要一個寫信的祕書。我對搞錯貴公司業務的事感到非常遺憾，別人把您介紹給我，說您是這一行的領軍人物。對於我信中出現的錯誤，我感到既慚愧又難過，自己正打算進一步學習瑞典語。最後非常感謝您，您使我走上了對瑞典語再學習的道路，並相信自己會做得更好……」

過了沒幾天，他又收到了那個人的回信——他得到了一份工作。假如羅納不能容忍的話，或許他為自己寄出去的罵人的信痛快了一番，但生存的危險仍然會威脅著他。堅忍既使他意識到了自己的弱點，又使他得到一份工作。羅納開始了正常人的生活，根除了心中所憂。

總之，小不忍則亂大謀。開弓沒有回頭箭。只有善於堅忍的人才能夠在關鍵時刻把握住自己，把握住趨勢，才能在激烈的競爭中勝出。

第四章　仔細弄清問題的根源
──回歸坦然的心境

人人都會遇到煩心的事情，有的人面對它時會傷心欲絕，只是每個人的態度不同：有的人面對它時會悶悶不樂，有的人面對它時不能擺脫其陰影的糾纏，也有的人面對它時卻仍舊保持坦蕩的心胸，瞬間就會把煩惱化為烏有。不同的態度則導致了不同的結果，因此，不同的結果最後導致不同的人生。學會驅除煩惱是一種智慧，其實，更是一種本領，如果你克服了它，快樂肯定會常伴隨著你。

解鈴還須繫鈴人

我們在陷入煩惱中無法自拔的時候，如何解脫？俗話說，解鈴還需繫鈴人。自己的煩惱是由自己的心境產生的，而外界環境只不過是一個誘因而已，所以真正能使我們脫離苦惱的還是自己。

人做事走入死巷，或者在生活方面不如意的時候，總感覺自己是那樣的無助，於是沮喪、憤恨、抱怨等煩惱接踵而來，甚至有一些人會為此走上絕路。其實，如果自己保持頭腦冷靜而清醒的話，就會感覺煩惱其實是由自己的情緒引起的。除了自己，世上的其他人沒有一個會知道你的苦惱，煩惱既然是自己的心境產生的，那麼我們何不換一個高興的心境送給自己呢？看看石油大亨約翰．洛克菲勒是怎麼做的吧！

洛克菲勒在他33歲那年賺到了他的第一個100萬，到了43歲，他建立了一個世界最龐大的壟斷企業——美國標準石油公司。不幸的是，53歲時，他卻成了憂慮的俘虜，充滿憂慮及壓力的生活早已摧毀了他的健康。

他的傳記作者溫格勒說，他在53歲時，看起來就像個僵硬的木乃伊，消化系統出現莫名其妙的疾病，頭髮不斷脫落，甚至連睫毛也無法倖免，最後只剩幾根稀疏的眉毛。他的情況極為惡劣，有一陣子他只得依賴優酪乳維持生命。醫生們診斷他患了一種神經性脫毛症，後來，他不得不戴一頂扁帽。後來，他又定做了一個500美元的假髮，從此，一生都沒有摘下過。

洛克菲勒原本體魄強健，他是在農莊長大的，有寬闊的肩膀，邁著有力的步伐。可是，在多數人的巔峰歲月——53歲時，他卻肩膀下垂，步履蹣跚。他是當時世界上最富有的人，卻只能靠簡單飲食為生。他每週收入高達幾萬美元——可是他一個星期能吃得下的食物卻要不了兩美元，醫生只允許他喝優酪乳，吃幾片蘇打餅乾。他的皮膚毫無血色，那只是包在骨頭上的一層皮。他只能用錢買最好的醫療，使他不至於53歲就去世。為什麼？這完全是因為憂慮、驚恐、壓力及緊張導致的。

事實上，他已經把自己逼近到了墳墓的邊緣，他永遠無休止地、全身心地追求目標。根據親近他的人說，每次賺了大錢，他的慶祝方式也不過是把帽子丟到地板上，然後跳一陣土風舞；可是如果賠了錢，他會大病一場。

有次，他運送一批價值4萬美元的糧食取道伊利湖水路，保險費需要150美元。他覺得太貴了，因此沒有購買保險。可是，當晚伊利湖有颶風，洛克菲勒整夜擔心貨物受損。第二天一早，當他的合夥人跨進辦公室時，發現洛克菲勒正來回踱步。他叫道：「快去看看我們現在還來不來得及投保。」

合夥人連忙奔到城裡找保險公司，可是等他回到辦公室時，發現洛克菲勒的心情更糟，因為他剛剛收到電報，貨物已安全抵達，並未受損！於是，洛克菲勒更生氣了，因為他們剛剛花了150美元投保。事實上，是他自己把自己搞病了，他不得不回家，臥床休息。

想想看，他的公司每年營業額達50萬美元，他卻為區區150美元把自己折騰得病倒在床上。他無暇遊樂、休息，除了賺錢及教主日祈禱之外，他沒有時間做其他任何事情。

還有一次，他的合夥人賈德納與其他人以兩千美元合夥買了一艘遊艇，洛克菲勒不但反對，而且拒絕坐遊艇出遊。賈德納發現洛克菲勒週末下午還在公司工作，就央求他說：「來嘛！約翰，我們一起出海，航行對你有益，忘掉你的生意吧！來點樂趣嘛！」洛克菲勒警告說：「喬治．賈德納，你是我所見過最奢侈的人，你損害了你在銀行的信用，連我的信用也受到牽連，你這樣做，會拖垮我的生意。我絕不會坐你的遊艇，甚至連看都不想看。」結果他在辦公室裡待了整個下午。

永遠缺乏幽默，永遠只顧眼前，是洛克菲勒晚年之前整個事業生涯的寫照。即使坐擁百萬資產，他卻一直擔心財富可能隨時失去。馬克．漢娜這樣說過：「這是一個為錢瘋狂的人。」洛克菲勒住在俄亥俄州克里夫蘭市時，曾向鄰居吐露真言，說他希望能被人愛，可是他卻是如此寡情與多疑，以致沒有幾個人真正喜歡他。洛克菲勒的部屬與合夥人都很畏懼他，具有諷刺意味的是：他也同樣害怕他們，他怕他們把公司的祕密洩露出去。他對人性幾乎沒有絲毫信心。

有一次，他與一位石油提煉專家簽了10年的合約，他要那個人承諾不告訴任何人，包括他的妻子。他經常掛在嘴邊的一句話：「閉上嘴，好好工作！」他雇用保鏢防止敵人殺他，但他很想忽視這些仇恨。

有次，他自我解嘲地說：「踢我！詛咒我！你還是拿我沒辦法！」但是他終究是個凡人，無法忍受憎恨，也無法承受憂慮。於是他的健康狀況開始惡化了，對這個新的「敵人」——由身體內部發出的疾病，他感到極為茫然與迷惑。

醫生告訴他一個驚人的事實，他或者選擇財富與憂慮，或者他的生命。他們警告他：再不退休，「就死路一條」。他終於退休了，可惜退休前，憂慮、貪婪與恐懼已經摧毀了他的身體。醫生竭盡全力挽救洛克菲勒的生命，他們要他遵守三項原則——這三項原則，終其一生，他都牢牢記住。這三項原則是：

(1)避免憂慮，絕不要在任何情況下為任何事煩惱；
(2)放輕鬆，多在戶外從事溫和的運動；
(3)注意飲食，每頓只吃七分飽。

後來，洛克菲勒嚴格遵守這些原則，因此他撿回一條命。人們更不能忘卻的是，當年的聯合國大廈創建時，因為眾多會員國家無力支付昂貴的建設費用而使大廈難以立即籌建起來。後來，洛克菲勒公司給予了無私的支援而使這座國際大家庭的「家」得以很快建設成功——當然洛克菲勒公司因此而獲得豐厚的回報，那是因為他們超前的意識而帶動了房地產業飆升的結果。

最後他活到了98歲。累積了巨額財富，但這並沒有給洛克菲勒帶來快樂，他一如既往地瘋狂而又執著地追逐著他的財富，甚至比任何一個人都活得煩惱。解鈴還須繫鈴人，53歲之後，他開始把自己賺來的財富大把大把地撒出去，於是他變得開心了，「向上帝要回了40多歲的壽命」。

今天的世人都應該為盤尼西林和其他數十種使用他捐贈經費完成的發明，而真誠地感謝洛克菲勒。以前兒童患腦膜炎的死亡率曾高達4／5，現在我們子女的生命不再受腦膜炎的威脅，這也是洛克菲勒的功勞，因為藥品是在洛克菲勒基金會的贊助下發明的。

這位飽受爭議的洛克菲勒企業帝國的締造者雖然聚斂了巨額財富，但他本人還是一個虔誠的基督教徒，洛克菲勒一生是嚴格遵循教會的教條生活——不喝酒、不抽菸，甚至不跳舞。他一生沉溺的愛好只有騎馬。

1897年，從標準石油公司退休以後，洛克菲勒把他的精力越來越多地放在慈善事業上，並稱之為「給予的藝術」。洛克菲勒最後留給家族的不僅僅是一個財富上的傳承，而且對慈善事業的這種全心的傾注，使洛克菲勒的一生創造了許多奇蹟。但真正震撼人心的，當他「死於53歲」又活到98歲，多活了45年的生命奇蹟！

捐贈給他帶來了快樂，也使慈善事業成為整個洛克菲勒家族的傳統，並得以繼承和延續開來。於是，洛克菲勒開心了，他徹底改變了自己，使自己成為毫無憂慮的人。

忘掉消失的過去

對於那些已經過去的沒有價值的東西，我們根本沒有必要再把它們留在我們的大腦裡，否則，時間久了，它們會像池塘中的汙水那樣發餿、發臭。與其讓塵封的記憶腐爛發臭，還不如像清理垃圾一樣，及時把它們清理出去。

人生在世，我們有時對於外界的不良反應，時而憂慮，時而煩惱。短暫的負面情緒過後，如果能夠轉換到開朗和快樂上來，這對我們來說都是正常的。如果一個人把負面情緒放在腦海裡發酵，就看不到人生的希望，還會沉溺於失望和悲觀之中不能自拔，那麼他的生活一定沒有快樂可言。

現實中的每個人都經歷過讓自己刻骨銘心的往事，有的人經歷的是懺悔，有的人經歷的是傷痛，有的人經歷的是失落，有的人經歷的則是不堪回首的往事，儘管它們已經過去了，但有如毒蛇一般，死死地纏住人的神經。豁達、樂觀的人都能夠正確地面對過去，而一些人則沒有這麼幸運了，他們被過去的芝麻小事時時困擾著。

俗話說：人生失意之事十之八九。我們要常常思「快樂」的一二，而不去想「失意」的八九，因為這樣你才能真的忘卻人生的失意，真正得到生活的快樂。所以，我們要把那些沒有任何價值和只會給我們帶來煩惱的東西及時清理掉，去做我們想做的事情，去換取灑脫和快樂的生活，豈不更好？

在社會這個大家庭裡，如果我們想要快樂，想得到別人的尊重和承認，首先自己要懂得先尊重別人，不計較別人的過錯，然後還要學會忘記各種憂慮和不幸；否則，我們不是極端自卑，就是極端驕傲。不幸只是過去帶來的結果，而以後幸福快樂與否則取決於自己現在的努力程度，所以不要為了它而耽誤未來的前途。自己的優越也是過去的成果，不要因為它而讓自己放任。

總之，不論不幸還是輝煌，只代表著過去，未來需要我們端正心態，從零開始，唯有這樣才能使我們成功跨入人生新的境界。對於給予別人的幫助，我們也要學會善於遺忘，而不是想著將來某一天，要得到別人更多甚至更高的回報，因為帶有功利心的幫助往往會使我們扭曲心靈，後來的失望和不快是肯定的。

英格麗．褒曼曾經說過：「健康的身體加上不好的記憶，會讓我們活得更快樂。」忘掉消失的過去，並不是我們不要歷史和反思，而是不要和過去認真，不要耽誤了我們以後的奮鬥。前事不忘，後事之師。我們的人生是需要不斷總結經驗和教訓的，揚長避短，用理智過濾自己思想上的雜質，保留至真至誠的東西，這樣有助於我們陶冶情操，更好地留下人生最美好的記憶。

當然，「挖到籃子裡的不都是菜」，對於一些美好的往事，非常值得懷念，值得珍藏，值得尋味；而對於一些令我們不快或毫無價值的事情，要毫不猶豫地捨棄，最後讓沉澱下來的雄心去開拓未來。忘卻也是一種智慧，一種品格，忘卻不幸的人不是逃避，而是不為無謂的事情而耽誤了前方的良辰美景。

即便你有訴不完的幽怨愁結，抒不盡的沉鬱低迷，對於我們整個人生而言也是微不足道的。我們何不守住生命中的優雅和灑脫，輕快去做更有價值的事情？在人生中，我們不但要善於忘記那些不愉快的往事，而且還要忘記自己僥倖得勝的往事，這些事情不足以使我們自豪；相反，還會使我們蒙羞，因為它畢竟不是透過自身的實力取得的。

從心理學的角度看，無論是令你無法釋懷的往事，還是悲傷、憎恨和僥倖，它們都會使你與現實生活脫節，以致嚴重威脅你的心理健康和心智的發展。對於一些往事，應該能夠「拿得起，放得下」。事實上，許多往事是不容易「拿得起，放得下」的，它們常常會浮出腦海撩撥著你。此時，你最好改變一下環境，比如，專心地工作，或者外出旅遊等。

人類是唯一具有意識的高級動物，意識給了我們人類很多不同於其他動物的優勢。但我們每個人的心裡都有過往的塵埃，對於那些不堪回首的往事，要學會忘掉。對於短暫的人生來說，只有生活才是人生最好的導師。快樂地生活吧！一切的煩惱和不快只不過是已經消失了的過去，有眼淚你可以盡情地去流，只要不把它帶入心裡就行；否則，妨礙了自己的身心健康則是最大的罪過。

當然，學會忘記並不是每個人都能做到的事情，因為對社會中的各種各樣的事情，每個人的立場和期望值不同，做事就會有不同的出發點，不同的出發點導致各人的感受不同，一旦認為有損於自己的名譽、尊嚴和得失的時候，就會產生不愉快的情緒。而一個善於忘記的人則會從不同的角度去看待事情本身，從而不斷推陳出新，雖然他的目標是不變的，但他實現目標的方式是靈活的，是不斷變化的，他的生活因為有活力而快樂。

因此，生活中的我們，難免有情緒不佳的日子，可能是因為很小的事情大動肝火，但事後一定要及時發現其中的原因，如果是自己的過錯就向別人立刻道歉，如果是別人的過錯就沒有必要一直抓著不放。我們要學會忘掉那些不幸的過去，學會把不快樂變為快樂。總之，我們要學會遺忘，不要鑽進牛角尖，不要鑽進煩惱預設的圈套，這樣才能使自己真正快樂起來！

別拿別人的錯誤來懲罰自己

不要為別人犯下的錯誤而煩惱，細想一下，一些事物辦壞了可能不會複合，你只能吃一塹，長一智，如果為此天天寢食難安，乃至憂慮和煩惱纏身，就不值得了。別人如果改正了，就應該寬容，誰都有犯錯誤的時候；別人如果不改正，錯的是別人，就沒有必要因他的錯誤而生氣。

從前有座山，山裡有座廟，廟裡住著一個老和尚和一個小和尚。師徒二人是一對絕好的搭檔：老和尚知識淵博，將自己的全部所學對小和尚傾心相授；小和尚十分聰明，不辜負師父的教誨，準備將來好繼承師父的衣缽。他們兩個人的日子過得也算愉快。有天，小和尚下山去化緣，被世俗吸引住了，結果沒有回到寺廟。

二十年的光陰一晃而過，小和尚在世間得到了很多，在另一條道路上功成名就了。一天，小和尚看著窗外的流水，天上的浮雲，他一下子醒悟了。終於，他又回到廟裡，雙膝跪在老和尚面前乞求原諒。原來，老和尚以為小和尚被人拐賣，傷心欲絕，他辛辛苦苦地找了大半個中國，始終沒有放棄。現在，小和尚自己回來了，請他原諒。

老和尚憤怒了，看也不看小和尚一眼，一邊採著蘑菇，一邊指著胸前的佛珠，氣憤地說道：「我可以原諒你，可是佛祖會原諒你嗎？要我原諒你也可以，除非這佛珠上長出蘑菇來！」說完，老和尚拂袖而去。小和尚望著緊閉的廟門，知道師父已經不能原諒自己了，失望之餘又回到塵世。

第二天早晨，睡醒的老和尚醒來，一睜眼，就發現胸前的佛珠上長滿了蘑菇，而且還有床板、屋梁上都長滿了大片大片的蘑菇。老和尚頓然醒悟，趕快回頭去找小和尚，可是寂靜的山路上哪裡還有小和尚的蹤影。佛家有言：大肚能容，容天下難容之事；慈顏常笑，笑世上可笑之人。對於別人的過失，這世間有什麼不能諒解呢？最寶貴的，其實是一顆真誠悔改的心呀！可是，已經下了山的小和尚還會回來嗎？

每個人都會犯錯誤，但對待錯誤的態度卻不同：有的人錯了之後會反省自己，以彌補自己的過錯；有的人錯了之後一意孤行，繼續在錯誤的道路上行進。拿別人的錯誤來懲罰自己根本就不值得，其實這樣做完全沒有必要，況且，很多事情又不是我們所能掌控的，不如驅走心頭的烏雲，讓自己看開些，多給自己留下一份快樂的心情。

對於別人的錯誤，不如不管它，它自會煙消雲散。否則，拿別人的錯誤對自己說事，是不是有些冤枉，是不是有些可憐，甚至更多的是一種傻氣。那些在歷史上留下英名的偉大人物，每當他們遇到麻煩時，他們彷彿練就了自己，有一種「突然臨之而不驚，無故加之而不怒」的鎮定境界，他們都經歷了無數問題的困擾，嘗盡了生活的酸甜苦辣，不屈不撓，最後迎來了成功。

其實，那些成功人物經過長期的磨礪，只向著自己的人生目標奮進，在一切的艱難困苦面前百煉成鋼，結果也是必勝無疑的。所以，我們作為別人的旁觀者，甚至是受害者，何必拿別人的錯誤來懲罰自己呢？生活就好像一間大房子，能夠讓我們快樂的事情遍布整間房子，而我們何必在意屋角的那一聲嘆息呢？

在這個世界上，由別人製造出來的錯誤無以復加，如果細算起來，我們就會陷入這個由錯誤累積起來的障礙中無法自拔。與其受它無窮盡的汙染、腐蝕，不如儘快逃離那個是非之地。

我們不妨以看一場球賽、看一場戲那樣的心情來對待別人的錯誤，自己僅僅是一個裁判而已，輸贏的結果與自己毫無關係，何苦要懲罰自己呢？

別人的言行不一定正確，我們傾聽別人言行的同時，不妨過濾掉那些糟粕，因為我們需要暢通言路，需要和外界交流溝通。有時，別人可能由此損害了我們的利益，讓我們耿耿於懷，其實，一開始我們就犯了一個錯誤，那就是由於自己的不謹慎或對別人的不瞭解，而給別人可乘之機。

所以，在生活的下一步，就需要加倍地謹慎來對待一些事情了。或許你以前活的不是屬於自己的憂傷日子，你在心理上承受著別人帶來的折磨，而別人絲毫覺察不到，雖然不動手、不動刀，但它比暴力的傷害強一百倍。現在，你知道了自己的煩惱有如失去控制的列車，你可以按住「火」車的剎車鈕，別讓這種毫無益處的折磨再侵害到你。時間久了，你的境界提高了，你一定會活得很輕鬆自在一些。

以前，一個老師由於幾個學生的「不開竅」而把自己給活活氣死了。原因是這幾個學生沒有理解他苦苦講了四遍的課程，口乾舌燥的他終於忍不住氣血上湧，最後昏倒在講臺上再也沒有醒來。這位老師對學生負責任的態度令人可敬可表，是一個不可多得的好老師，但每個學生的接受能力不同，不可能所有的學生都能理解你的講法，區區幾個學生當時可能聽不懂，但課下複習或做題的時候可能會悟懂，即使是他們考試考砸了，扯了班裡的後腿也不必如此，畢竟還有大多數的學生。

我們的生命本是頑強的，可以忍受生活中的一切磨難，可以承受重重的心理或經濟負荷，但對生活或事業的投入之深常常讓我們失去了控制自己情緒的能力，如例中老師的悲劇就是如此。生命對於人們來說，僅有一次，它又是十分脆弱的。有人說命若琴弦，如果心裡承受的壓力越來越大，到了我們身體承受的極限，琴弦離斷則是必然的。

所以，我們應當提醒自己不要生氣，尤其不要為了別人的錯誤而懲罰自己，不妨把一切看得淡一些，輕鬆自在地活著，這樣的生命才最實在，最美麗。如果你是一個過於算計的人，你心裡的秤就是你情緒的晴雨錶。別人的過錯你不能容忍，甚至是別人的一點小小的不經意的失誤都令你產生不快，你其實是很可悲的，最後終將算到自己的頭上，那就是為了別人而傷心難過。

如果你放開心胸，保持樂觀的心態，別人錯了給他們安慰，別人對了給他們鼓勵。總之，你不要對別人要求過高，不能對他們一刀切，自己難道不可以得到一些快樂嗎？如果只考慮到自己的利益，你就會陷入心的浮躁之中，心緒不能平靜，起起伏伏，最後憂鬱難過的是自己。

拿別人的錯誤來懲罰自己是最不明智的行為，或許你身邊有一群不爭氣的員工，或許你有一個不爭氣的孩子，或許別人傷害了你，但生活的現實不是以個人的意志為轉移的，而且你自己對事物的感受和評價不一定準確。所以，自己盡力了就不要遺憾，不如順其自然，讓一切事物按照自己的規則去運行，或許事物的自我發展比人為的干預更有生命力。

善待自己，不要因為別人的錯誤言行干擾了自身的愉快。事物自有它發展的規律，就好像我們用不著憂慮哪一天天會塌下來一樣，對於廣闊的宇宙來說，我們太渺小了，沒有必要，也不值得為別人的錯誤生氣；否則，與傻瓜有什麼區別呢？

不要太認真

在這個複雜的社會中，每天都有很多意想不到的事情發生。對於一些事物，我們不能太認真，認真往往會使我們鑽入牛角尖，會使我們迷茫，甚至是歇斯底里。

從前有兩個人，一個叫李二，另一個叫王五。有天，兩個人在大街上一起趕路，邊走邊聊。李二說：「我們都是窮哥們，要是能撿到一大筆錢那該有多好呀！不過，如果我們真的撿到了錢，我們兩個應該怎麼辦呢？」王五接過話茬，隨口就說：「怎麼辦？一人一半吧！」

李二立刻表示反對：「不對，應該是誰撿到就歸誰才對，憑什麼要我分給你一半呢？」王五反駁道：「咱們兩個一塊趕路，撿到錢，不要一個人單獨吞掉。你真是個守財奴，一點都不夠朋友，簡直就是衣冠禽獸。」李二當場大怒：「衣冠禽獸，你敢再說一遍，看我怎麼收拾你！」王五也不示弱：「說就說，你以為我怕你呀！衣冠禽獸！」王五剛說完，李二的巴掌就掄了過來。就這樣，兩人你一拳，我一腳，打得不可開交。

這時，路上又走來一個人，連忙上前拉架，並大聲喝道：「兩個豬狗不如的畜生，在路上打什麼架呀！」李二和王五一聽，新的怒火也頓時上來了，異口同聲地說：「關你屁事，你才豬狗不如呢！」勸架人也不示弱，說：「我也不是好欺負的。我今天就偏要管一管了，怎麼著？」話還沒有說完，李二和王五的拳頭雨點般得落到勸架人的身上。

沒過多久，三個人的身上都掛了彩，都累得氣喘吁吁地倒在地上。正好縣太爺路過這裡，感到很奇怪，於是就問他們：「是誰把你們打成這個樣子？」三個人只好一五一十地把事情的經過全說了。縣太爺聽了，哈哈大笑起來。三個人都愣在那裡，不知所措。縣太爺馬上嚴肅起來：「我以為你們真的撿到錢了，你們三個不好好地在田裡耕作勞動，在這裡沒事找事來了。來人呀，每人各打五十大板，看看以後還有人沒事找事嗎？」

故事講完了，它的意思是說，人做什麼不能太過認真，不能過於敏感，兩個人為了本不存在的財物而大打出手，本是好心的勸架人卻辦了壞事，連累了自己，可謂愚不可及。其實，在我們的生活中，類似的事件卻時時上演著，為了別人的一句話就可能痛下殺手，為了別人的一件事情就可能讓自己瘋掉……

適應不可避免的事實

「適應不可避免的事實」是美國著名成人教育家戴爾·卡內基在他的《人性的優點》中所提到的。他認為：「對必然之事，要輕快地加以承受。」這也是獲得快樂的重要方法。

美國有一所著名的高等學府，它的名望與英國劍橋和牛津無異，幾乎為全世界的知識份子所瞭解，但它的入校門檻非常高，據說各科成績要平均90分以上才行，而且一門的學費就相當於普通大學一個月的支出。這所大學的學生經常穿著印有本校名稱的T恤在大街上招搖。即便這樣，這個非常優越的學校卻有著嚴重的困擾：它和一個治安極壞的貧民區做鄰居，學校的玻璃常被頑童打碎，車子總是失竊，而且學生在晚上常遭搶劫。

總之，治安很亂，令校方管理層感到非常棘手。在該校的一次董事會上，一位董事憤憤不平：「我們這麼偉大的學校，竟有如此惡劣的鄰居。」於是董事會決議一致透過：要想方設法把不文明的鄰居趕走。學校對此採取的措施是用學校雄厚的財力把鄰近的房屋和土地全部買下，改為校園。

結果是，財力雄厚的校方如願以償，大大擴大了校園，但問題並沒有得到根本的解決，反而變得更嚴重起來：貧民們雖然搬走了，但只不過是外移而已，學校隔著空曠的大校園，又與新的貧民區相鄰，人手反而不夠了，於是治安更加惡劣。這時，董事會沒有了主張，於是請來警察共商對策。警察說：「當你們和鄰居相處不好時，最好的辦法不是把他們趕走，也不是把自己封閉起來，你們應該試著去瞭解和溝通，發揮你們的教育功能，去影響和教育他們。」在場的董事們一聽，頓時啞然失笑，他們雖為世界最有名學府的董事，竟然想不起來這個屬於他們的教育功能。

於是，他們設立了平民補習班，派研究生去貧民區調查，給附近的中小學捐贈教學器材，還開闢了空的校園作為青少年的運動場，以供孩子們使用。沒過幾年，學校的治安環境大大改觀，鄰近的貧民區變得文明禮貌起來，進入了文明的生活。這個例子說明，人只有適應不可改變的事實，才能改變這個殘酷的事實，如果只和「事實」唱反調，而不去解決，往往會事與願違。

不論在何時何地我們都會不可避免地碰到很多令人不快的局面，這些事情有時是我們人生中必須面對和解決的事情。消極的人選擇逃避，但過後的負面影響還會依然存在，甚至會增強。這種負面影響如同心中的小蟲時時在撕咬著消極的人，最後還是面臨著不得不解決的問題。所以，明智的人一般都會把它當作一種不可避免的情況來對待，並且做好它，適應它，這樣就不會被煩惱所左右了。

美國心理學家威廉．詹姆斯曾說：「要樂於接受必然發生的情況，接受所發生的事實，是克服隨之而來的任何不幸的第一步。」對於我們生存的處境來說，各有各的「麻煩事」，當不得不面對惡劣情況的時候，與其逃避，不如快樂地去面對。當然，「適應不可避免的事實」，也不是說要低聲下氣，喪失鬥志，只要事情還有一線轉機，我們就不能接受命運的擺布。不管處於何種地步，我們都要努力奮鬥，即使我們無力回天，也要保持足夠的「理智」，因為並不是所有的事情都是以自己的意志為轉移的。

知道了這一點，就沒有必要讓它們影響我們的心情，打亂我們的生活。其實生活中的困境是不可避免的，但我們人類也有著自身的潛力，只要我們善於發揮利用，就一定能夠克服一切困難。重要的是，我們不能由於困境而沮喪，不能由於困境而放棄自己的目標，纔可以笑著應對困境，迎難而上，直到走出困境。否則，如果只是抱怨而沉溺在困境的泥潭裡止步不前，就永遠沒有出頭之日。

你可能沒有足夠的精力來適應這不可避免的事實，但也要試著去承受，就好像感冒，在經歷了短暫的苦痛之後，我們一定會振作起來，並會獲得相應的免疫力，而不要被一連串的憂慮、急躁和緊張導致的煩惱所控制。在漫長的人生歲月中，對一些必然發生的事情，我們應該像大樹承受狂風暴雨和水適應一切容器一樣。風雨過後，是彩虹的出現，水接受了容器的安排換來水面的平靜，否則用無窮盡的煩惱來毀滅我們的生活，是我們人生最大的悲劇。

偉大的詩人惠特曼在他的詩作《草葉集》裡寫道：「啊！我們要像樹和動物一樣，去面對黑暗、暴風雨、飢餓、愚弄、意外和挫折。」如果你不相信，可以親自嘗試一下，去反抗不可改變的事實，結果會讓你苦惱不堪，甚至有的人會整天整夜地失眠，這無異於自我虐待。面對多舛的命運，我們可以不接受，可以向它勇敢的挑戰，以苦為樂，將其作為崛起的起點，即使失敗，心中也坦然，畢竟自己努力過，拚搏過，而不留下人生的遺憾。重要的是，我們收穫了失敗的經驗，磨練了心智，為以後目標的成功埋下了「伏筆」。

世界 500 強零售業巨人傑西潘尼曾說：「哪怕我所有的錢都賠光了，我也不會憂慮，因為我看不出憂慮可以讓我得到什麼。謀事在人，成事在天。我盡力了，所以無論結果如何我都欣然接受。」所以，對於那些不可避免的事實，我們不要抱怨，不要灰心，更不要苦惱，不如試著愉快地適應。在克服的過程中，你會發現，事情遠遠沒有你想像的那麼複雜，它其實很好解決，只是我們用消極和煩惱擋住了自己前進的步伐。「對必然之事，輕快地加以承受。」去接受那些不可避免的事實吧！

身正不怕影斜

俗話說：身正不怕影斜。當別人的一切空穴來風有意冒犯你時，自己要快樂地面對，如同照鏡子，並加以謹慎，然後心安理得地做事。對一些無關痛癢的小瑕疵，比如小習慣之類，只要不影響自己的大局、大目標，就讓它隨風去吧。請記住偉大詩人但丁的話：走自己的路，讓別人去說吧。

其實，不管人們背後如何評論一個人或某件事，只要當事人走得正、行得端，身正不怕影斜，對各種非議和指責不必加以理會。清者自清，濁者自濁。明白了身正不怕影斜之後，面對自己的一些是非，就不必去理會；否則，「眾口鑠金，積毀銷骨」、「好事不出門，壞事傳萬里」，可能會使自己陷入一種越理越亂、越抹越黑的境地，甚至在胡言亂語中而出錯，這就正中了別人的圈套。

而唐朝的婁師德做得就幾近完美。作為唐朝宰相的婁師德，祖上歷代擔任朝中大臣。當弟弟去代州做太守的時候，他告誡弟弟說：「我們婁家屢世餘蔭，難免被別人說道。你外出為官，要認清一點，遇事要多忍耐。」弟弟說：「這個我知道，就是有人把口水噴到我臉上，我自己擦掉就算了。」婁師德說：「這樣還不行。」弟弟又說：「那就讓它自己去做吧！」婁師德這才點頭說：「這就對了。」宰相肚裡能撐船。婁師德深知，對於世代做大官的婁家，樹大招風，免不了會激起某些人的非議，甚至嫉妒。要想長久地保持家族的餘蔭，只要身正不怕影斜，不必理會一些非議，事情自有分曉，歷史自有公斷。

作為普普通通的我們，恐怕難逃別人議論，甚至被人中傷，只要我們自己認清了「影子」的真面目，看清事物的實質，就讓它像雨水那樣，順著雨傘流下去，而不是流到自己的五臟六腑裡面。身正不怕影斜！

快樂地承擔自己的責任

責任不僅意味著付出和擔當，而且還意味著成就和名望。快樂地承擔責任是做人的一種境界，既能夠讓人感到放鬆、信賴和敬重，又是自己以後人生的一張靚麗的名片。很多人因為身上的責任而上進，而努力，而快樂。什麼叫積極主動？快樂地承擔責任就是一種積極主動，再也沒有比它更能得到人心和希望的了，這是一種無人催促的英勇之行，行動的過程必定帶著滿是激情和信心的態度，這樣做了往往會使事情成功。

但很多人在責任面前表現得像一隻縮頭烏龜，不是快樂地承擔責任，而是找各種理由百般為自己推卸責任，生怕黏上自己。一個人被動地履行自己職責的時候，心裡很可能會生出抱怨或很不情願，就會把責任當成一種卸不下來的負擔，給自己造成一種無形的壓力。這時的責任對他來說，與其說是一種快樂的承擔，不如說是苦惱而無奈的面對。因此說，快樂地承擔責任是一種生活的灑脫，也是一種生活的境界。

現實生活中，我們無時無刻不在承擔著自己應盡的責任：有的是工作中的責任，有的是生活中的責任。在工作上，每個人都希望自己在企業中處於重要的位置，肩負一定的責任，因為當員工能夠在企業中主動而快樂地承擔責任時，他會意識到自己在企業中是那麼的不可或缺，就會努力工作。

在生活中，我們承擔養家糊口的責任，積極上進，促進家庭的繁榮和和諧。當然，人與人之間都是有差異的，不同的人對責任的理解和態度也是不同的，不是每一個人都能做到快樂地承擔責任。有的人認為快樂地承擔責任是傻瓜行為，認為自己的付出沒有得到自己希望的報酬，在承擔責任時可能大打折扣。就像一個老闆，面對企業源源不斷的利潤，心裡可能並不覺得滿足，而對員工不怎麼負責，比如，長期低薪，長期加班，而自己的生活常常花天酒地，非常奢侈；對於員工來說，認為老闆太「摳」，而降低了工作的積極性，虛與委蛇，導致產品品質和服務品質下降，又影響了企業的發展，影響了老闆的所得。看看下面這個老闆。

喬治是一家公司的老闆，他公司的業務一直處於興旺狀態，他的工作任務繁重，每天都要接待很多重要的客戶，還要開一些公司會議。他像上足發條的鬧鐘一樣，每天都工作到很晚。在他的日常計畫表裡，休息這兩個字很少出現。但是他一點都沒有覺得累，也不曾抱怨自己的工作多累。當別人向他問起企業興旺的祕訣時，他說，他只是把每一個員工視作他的孩子一般，誰的生日在哪一天，誰家的日子過得如何，他都瞭若指掌。他認為自己為員工所做的一切是自己的一種責任，讓員工有一種歸宿感。不想讓每一位員工懷著顧慮工作，否則，他心裡會感到不安的。

所以他一直快樂地工作，每天工作結束後，他都會在他的日記中寫道：「今天的工作很開心，又收穫了很多東西，明天繼續努力，還會有更大的收穫，我的員工這個月又可以多領到幾百美元了。」他因此被員工稱作「神父企業家」。因此，當喬治能夠為他的工作而感到快樂時，處處以身作則，踐行著一個企業家的責任和良知。這使得他公司的業務蒸蒸日上。如果一個人能夠從工作中體會到快樂，這才是工作的最高境界。

對於企業員工來說，對企業責任的擔當和出色完成，為企業創造了更多的發展空間和機會，那麼他所獲得的不僅僅是一種物質上的獎勵，更多的是一種自我價值的實現，這是人生自我實現的需要，也是人的最高級需要，這種需要得到滿足時，人才會獲得最大的快樂，而且這也是一種真正的快樂。

作為一名企業的員工，如果能以承擔責任為快樂，而以抱怨自己的責任繁重為恥辱，那麼我們有足夠的理由相信，他一定會很好地擔當起責任，把自己的工作做得更好。

第五章　努力克服消極的心理——去除八種日常心理陰霾

快樂是一種心境，心病則是導致我們不快樂的根源，病根子不除，即使是強作歡顏，又怎麼能快樂起來呢？心病還須心藥醫。俗話說：生活中的我們為什麼不快樂？因為消極的心理占了大部分心靈空間，導致了自己的不快樂。要想找回自己的快樂，首先要克服掉消極心理。

逃離自卑的樊籠

唐代大詩人李白在《將進酒》中吟道：「天生我材必有用！」這是何等豪邁的氣勢！在人生舞台上，有些人卻低低哀嘆：天生我材……沒用，而有些人卻能跨越自卑，認清自我。

人生最大的遺憾，莫過於失去自信。一個失去信心的人不去行動，失去了前進的目標，更談不上成功。一個人即使有目標，如果失去自信，也不會獲得別人的幫助的，因而也不會獲得成功。因為在別人看來，連自己都不相信成功，何況別人？人自卑感的存在和產生，不是自己在能力或知識上真的不如人，而是自己不如人的心態和感覺在作怪。為什麼會產生不如人的心態和感覺呢？因為有的人常常不用自己的尺度來判斷和評價自己，而喜歡用別人的標準來衡量自己。

他們喜歡拿自己的缺點和短處與他人的優點和長處相比較，越比較，就越自卑。這些原本就是不一樣的屬性，是不能進行比較的，但我們常常只看到別人的長處和優勢，容易自慚形穢。在生活中，缺乏自信常常是性格軟弱和事業不能成功的主要原因。相信自己，就是相信自己的優勢，相信自己的能力，相信自己有權占據一個空間，結果往往可以變成現實。

居里夫人曾經說過：「生活對於任何一個男女都非易事。我們必須有堅韌不拔的精神，最要緊的，還是我們自己要有信心。我們必須相信，我們對一件事情具有天賦的才能，並且無論付出任何代價，都要把這件事情完成。當事情結束的時候，你要能夠問心無愧地說：我已經盡我所能了。一個人只要有自信，那麼他就能成為他所希望成為的人。」

試想一下，如果心裡認定會失敗，就永遠不會成功；如果自信能夠成功，成功的可能性就會大為增加。而沒有自信，沒有目標，就會一事無成。自信是成功的前提，在現實生活中，如果你讓別人來指出你的缺點，相信你會得到很多不足；而讓別人來指出你的優點，相信你也會得到很多讚揚。

有次，一個畫家去參加畫展，他將自己的一幅作品送到畫廊裡展出，並別出心裁地放了一支筆，留下附言：各位鑒賞者，如果認為這幅畫有不足之處，請在上面畫出範圍。第三天，畫家看到畫上標滿記號，幾乎沒有一處不受指責。第四天，畫家又畫了一幅同樣的畫掛在畫展中，他同樣別出心裁地放了一支筆，留下附言：各位鑒賞者，如果認為這幅畫有值得欣賞的地方，請用筆標出。第六天，當畫家取畫時，發現上面又被標滿了記號，原來被指責的地方，全是讚美一片。就這樣，畫家不受他人的操縱，自信而不自滿，善聽意見卻不被意見所左右，執著但不偏執。

上例中若畫家在受到指責後，認為自己不行，他可能就此消沉下去，就不會再從事美術創作了。其實畫家以一幅畫的所作所為，是兩種不同的思維方式、兩種不同的心態，而這樣產生了兩種不同的結果。前者是失敗的思維模式，自卑的心態，必然會產生可悲的結果。後者是成功的思維方式，充滿自信的心態，這才是成功者應有的心態。同樣的事，同樣的人，同樣的景，常常會出現不同的待遇。每個人看事情的角度都是不一樣的，理解事物的角度也不一樣，所以絕不能企求得到每一個人的肯定。

有時，你聽到的和看到的一切並不是真的，他人的指責也不是，如果鄙視而輕視自己，就把自己交給了自卑。只有有自信心的人，才能化渺小為偉大，化平庸為神奇。自卑的人，跳不出自己設計的思維桎梏，越是跳不出它，就越覺得自己不行。如果這樣，每失敗一次，自己就會自卑一次，久而久之，自己沒有主見，一切就會按照別人的意見行事，一切就會讓別人來操縱，可悲的事情就會接踵而至。

如果用正確的觀點來看待別人和自己，就不會迷失自己，不會被他人操縱。在生活中，我們不可能把所有的事情都做成功，而且常常會失敗，甚至是比較慘重的失敗。其實，我們不要過於指責自己，不要做事自卑，畏首畏尾，而是要反思自己，增強信心，正視失敗，及時逃離自卑帶來的束縛，努力地走向成功。

哲學家斯塞說過：「由於痛苦而將自己看得太低就是自卑。」羅斯福曾說：「沒有得到你的同意，任何人也無法讓你感到自慚形穢。」每個人都有屬於自己的強項，但是有些人卻不能守住它，一味地想到別人的強大和輝煌，而對自己的長處視而不見，神經變得麻木，不再擁有對生活的熱情，如此一來將來不論做什麼樣的事業，或者沒有勇氣面對挑戰，或者半途而廢，或者流於平庸，很難做出成就。

貝多芬在耳朵全聾後曾說過：「人啊，你當自助！上帝只幫助那些能夠自救的人……」這成為許多自強不息者的座右銘。而有的人沒有很好的控制力，他們通常無故地懷疑或貶低自己，生活得乏味而沉悶，沒有快樂的生機。其實，你只要一直往前看，多往好的方面想，積極地付諸行動，就一定能使自己從恐慌、自卑的桎梏中走出來，也就一定能使自己快樂起來，事業的成功也是自然而然了。

我們總有自己的缺陷，它常讓我們氣短，感覺矮了半截，一旦提及就會觸到我們的痛處。一些客觀缺陷的存在，對一些人來說是不可抗力的，是不能克服的，比如，殘疾、口吃等。即使如此，我們可以用積極的心理補償來扭轉人生頹勢，激勵我們到達規劃的人生目標，便能發現先機，大大有助於人生的拓展。需要注意的是，心理補償不能太急功近利，不能一口吃成大胖子，否則就欲速則不達了，還會使自己的情緒重新陷於一種大起大落的自卑之中。

在生活中不必為自己的相貌、體型、體力、身體功能方面的缺陷感到自卑，感到低人一等，而陷於自卑的泥潭中難以自拔。其實，自卑的根源在於我們的心理，你不妨這樣想，人人都是有缺陷的，只是有的缺陷明顯，有的不明顯罷了。自己可以透過上面說的心理補償來達到自身的平衡，比如，造就一種遠超過別人的一種心理適應機制，成為自己做事的動力。

美國總統林肯，自己不僅是私生子，出身卑微，而且面貌醜陋，言談舉止缺乏風度。他對自己的這些缺陷十分敏感，為了補償這些缺陷，拚命自修以克服早期的知識貧乏和孤陋寡聞。他在燭光、燈光、水光前讀書，儘管眼眶越陷越深，但知識的營養卻對自身的缺陷作了全面的有益補償。他最終擺脫了自卑，獲得了成功，並成為美國一代具有傑出貢獻的總統和人物楷模。

生活中的每一個人都有自己的控制力，趨利避害，使事物向著有利於我們的方向發展，使我們始終處於一種快樂的狀態，具有一種積極征服的心理慾望，而得以成就許多事業。這種控制力是我們人類的本能，是一種用來對付外界侵犯的力量，並足以戰勝各種恥辱和自卑。處於自卑中的你，認清了自卑的真面目，就要積極行動起來，一步一個腳印地向前走去，甚至不妨吹著口哨、唱著歌，自己為自己鼓掌。

其實，唯有自信，才是你成功的最可靠的資本，它代表一種高昂的鬥志、充沛的幹勁、迎接生活挑戰的一種樂觀情緒，是戰勝自己、告別自卑、擺脫煩惱的一種靈丹妙藥。人們常常把自信比做發揮主觀能動性的閘門，啟動聰明才智的馬達，這是很有道理的。你永遠不要企求別人都會百分之百地讚美你，因為就連上帝和總統都有人反對，只有相信自己的價值，充分認識自己的長處，才能保持奮發向上的勁頭。下面的方法有助你克服自卑。

1　塑造自己在各種場合中培養自信心。許多人都希望自己不要太出風頭，其中的原因主要是缺乏信心，怕自己出醜，而處處顯得很卑縮。其實，你不妨可以敢為人先，在各種場合下，不妨坐在最「刺眼」的位置，在心裡為自己鼓足勇氣和膽量，將自己置於眾目睽睽之下。時間長了，你會發現自己的各種能力能夠正常地得以發揮，做什麼都有了信心。

2　敢於正視別人不敢正視別人的人，往往會膽怯、自卑和驚恐，這折射出自己不坦蕩的心態。敢於正視別人的人，會用眼光給對方傳遞資訊：「我是能行的，相信我吧，我們能夠合作成功。」這是一種積極心態的反映，是一種自信魅力的展示。

3　加快自己行走的腳步一些心理資料研究顯示，人們走路的步伐跟心理狀態有一定關係，懶散的走姿、緩慢的步伐，則是情緒低落的表現，是對自己和工作等都不滿意的反映。對於那些受過打擊的人來說，他們走路拖拖拉拉，沒有一點精神。如果他們改變了自己行走的姿勢和速度，則有利於調節自己的心情，並給別人以自信的感覺。

4　敢於在大庭廣眾之下發言如果我們學會面對廣大群眾講話，可能需要巨大的勇氣和膽量，但這是培養和鍛鍊自信的重要方法之一。當眾說話，可以增強我們的自信心，甚至也能使口吃的人變得自信，說得流利。

5　拒絕沉溺沒有一個人喜歡過平庸的生活，有時信心的喪失其實是由於自己的自卑，產生了沉溺於現狀的低級情緒，其實，人應該大膽地追求自己的喜好。如果自己能善待自己，別人也不會小看自己。平時可以多深入集體中，主動學習別人的長處，發揮自己的優點，學會在集體中培養自己的能力，這樣就會克服自己的自卑感。

驕傲的心理要不得

誰笑到最後，誰才是最快樂的人。驕傲可能使你得意一時，但它的下場往往是慘痛的失敗。傲慢會使我們失去理智和靈感，就像下面這位知識淵博的哲學家的下場一樣。

有次，有一位哲學家乘坐漁夫的船渡江，他在船上不斷地向漁夫賣弄自己的學識，侃侃而談。

「你會數學嗎？」他問漁夫。「不會。」漁夫邊回答邊搖槳。

「啊！你簡直是太可憐了，因為不懂數學的人就相當於失去了四分之一的生命。那麼，你會哲學嗎？」哲學家又開始了新的提問。「也不會。」漁夫答道。

「啊！我的天哪！你真是太可憐了，不會哲學的人就等於失去了一半的生命。」

當船行進到江的中央時，忽然來了一陣狂風，把船徹底地打翻了，哲學家和漁夫雙雙落到水中。這時，漁夫憑著良好的水性迅速地抓住了一截木頭。「你會游泳嗎?」漁夫問哲學家。「不會。」哲學家在江中邊掙扎邊說。

「啊!我的上帝，還有比這更可憐的嗎?不會游泳的人將會失去整個生命。」漁夫向掙扎著的哲學家喊道。

這時，又一個巨浪打來，可憐的哲學家立刻被湍急的江水淹沒，漁夫牢牢地抱著那截木頭很快地遊上了岸。這個故事具有很深的寓意，它不僅僅是一個好看的故事，還能引人深思。

在現實生活中，又有多少像哲學家那樣的人，喜歡盯著別人的缺點，喜歡用自己的長處和別人的短處相比，對自身的缺陷卻視而不見。只看到自己優點的人容易驕傲，它的後果就會像哲學家那樣。

在清朝末期，腐敗昏聵的統治者們，常常以泱泱大國自居，從不把外國人放在眼裡，甚至稱西方的科技是歪門邪術，不僅不虛心學習，反而自高自大，結果被外國的堅船利炮打得支離破碎。驕傲使人落後，謙虛使人進步。這是已經被人證明瞭的真理，所以，應虛心地對待自己的長處，多正視自己的不足，不斷發現和完善自我。

對於別人的不足，不要驕橫武斷地指責，想想從前的自己或許還不如人家。拒絕驕傲，因為它常常會讓我們高估自己，判斷錯誤，使我們在不知不覺中處於敗勢。驕傲的人往往對機會麻痺大意，機會當然會從他的身邊溜走。人們只有虛心地正視自己的不足，才有可能產生要改、要進步的念頭，再施以行動，自己才會有持續的進步，才能及時抓住屬於自己的機會。

走出狹隘的死巷

法國思想家拉羅仁福科曾說：「精神的狹隘造成頑固，人們不輕易相信離他們的視界稍遠的東西。」狹隘人的氣量、心胸和見識等侷限在一個小圈子裡，往往華而不實，經常露出一副不可一世的傲慢相。他們常被自己短視的目光扯痛了神經而鬱鬱寡歡。

古語云：「以小人之心度君子之腹。」狹隘的人未必是小人，也未必是惡人，但其疑神疑鬼和草木皆兵的心胸則使自己耿耿於懷，即使是芝麻大點的小事，他們會計較個沒完沒了，因而常把自己折磨得夠嗆。狹隘的人往往生活在自己自私冷漠的小世界裡，他們常常小肚雞腸，處處以自己的利益為中心。如果自己吃一點點虧，便要計較。他們無關愛之情，不會寬容、理解、謙讓和體貼別人，往往把自己的幸福建立在別人的痛苦之上，常做一些損人利己的事情。

狹隘人的心理具有濃厚的個人色彩，受自身的生理、處世態度和心理素質的影響和控制，同時還受到個人文化教育程度、思想意識水準、道德修養高低以及個人的人生經歷、生活經驗的制約。心胸狹隘的人常常不自量力，妄自尊大，吹毛求疵，毫無容人之心，往往陷入鑽牛角尖的境地。另外，狹隘的人對自己或別人存有很高的期望值，一旦自己的願望得不到滿足的話，心理就會發生扭曲，常產生怨恨和抱怨的心態，這種心態會嚴重地制約自己的發展。

羅曼．羅蘭說過：「我們的生活裡不是缺少美，而是缺少發現美的眼睛。」所以，那些抱怨生活的人其實並不是生活中缺少美好，而是他們不去做，不去用眼睛觀察，一個人陷入狹隘裡面不能自拔。何不學會換個角度看問題，使自己走上正確的生活軌道呢？

總之，錙銖必較、妄自尊大的心態像一道無形的牆壁一樣，隔開了與人的距離和視野，最終會迷失自己，在人生的道路上不摔跟頭才怪。

浮躁的人生走不遠

人人都渴望成功，但很多人並不看重成功本身，而是渴望成功後帶來的滾滾財源和虛名威望。在追求成功的方式上若過於急切，常常會導致目標中途夭折。其實，在追求成功的道路上，容不得浮躁心態，因為成功飽含著奮鬥者的汗水和心血，不會一蹴而就，只有苦盡才能甘來。

當人的某些慾望得不到滿足時，他們就越想得到，於是浮躁的心態就產生了。這些浮躁的人不會仔細地做事，更做不到位，不成功也是理所當然的了，比如，閱讀，從來不會靜下心來看書中的精髓，心不在書上，眼睛一掠而過，書反而成了消磨時間和「打瞌睡」的工具，淺嘗輒止、浮躁難耐，終究不會提高。人們之所以陷入了浮躁的誤區，原因就是失衡的心態在作祟。

當自己不如別人、壓力太大、過於繁忙、缺乏信仰、急於成功、過分追求完美等問題出現而又不能得到圓滿的解決時，人便會心生浮躁。也可以說，浮躁的產生是因為心理狀態與現實之間發生了一種衝突和矛盾。浮躁的基本特徵就是急功近利、欲壑難填，形式上表現為浮華，思想本質上就是不勞而獲。更為嚴重的是，浮躁就像人生成功路上的毒瘤，它可以在人與人之間互相傳染甚至迅速蔓延，成為特定背景下成長的一代人一種可怕的人生觀和價值觀。

其實，我們都或多或少地存在浮躁心理，只不過這種心理不足以給事情帶來損害，而且我們時不時地在同浮躁作著不屈的鬥爭。浮躁的危害很大，人有時甚至要用一生的代價去與之搏鬥。比如，官員如果浮躁，他就會為了升遷而不擇手段，甚至會做出損害人民的事來；做人如果浮躁，就會急於求成，讓人勢利淺薄。人生中，其實一些所謂遠大的理想也不是那麼高不可攀，只是我們太過浮躁，浮躁使我們的生活處於雜亂無序的狀態之中，影響了目標的實現。為此我們管不住自己，常常被浮躁所左右，結果是一無所獲。

當前，浮躁之風已經遍及我們生活的角角落落，車水馬龍、瓊樓玉宇、魚翅燕窩、鈔票美女……這個處處膨脹著慾望的時代使我們很容易進入浮躁的惡性循環。我們不論做什麼都來不得半點的浮躁之風，做好一件事情，都需要付出相當的精力和體力。如果浮躁，我們做事的品質就會大打折扣。一個人浮躁，個人就不會成功；一個企業浮躁，企業可能從此就走向下坡路了。我們只有靜下心來，踏實而心無旁騖地做事，才不會受浮躁消極心態的控制。

抱怨使人停滯不前

海倫曾說：「抱怨只會使心靈陰暗，愛和愉悅則使人生明朗開闊。」

從前，有兩個人在大海上漂泊，想找一塊生存的地方。他們首先到了一座無人的荒島，島上蟲蛇遍地，處處都潛伏著危機，條件十分惡劣。其中一個人說：「我就在這了。這地方條件雖然現在差一點，但將來會是個好地方。」而另一個人不滿意，心想：這麼個荒涼的地方，只有鬼才適合待在這裡呢，於是繼續漂泊，後來他終於找到一座鮮花爛漫的小島，島上已經有其他的人，他們是18世紀海盜的後裔，幾代人努力把小島建成了一座花園。他便留在這裡做了小工，生活得不好不壞。

過了很多年，在一個偶然的機會，他經過那座他曾經放棄的荒島時，他決定去拜望老友。島上的一切使他懷疑走錯了地方：高大的屋舍、整齊的田疇、健壯的青年、活潑的孩子……老友已因勞累、困頓而過早衰老，但精神仍然很好。尤其當說起變荒島為樂園的經歷時，更是神采奕奕。最後老友指著整個島說：「這一切都是我用雙手拚出來的。這裡的人是我的臣民。這是我的島嶼。」那個人此時不但沒有愧疚，而且還抱怨說：「為什麼上天這麼厚愛你，當時你要留我在這島上，也許會比現在更好。」有的人把工作看作一種累贅和負擔，工作使他的頭變「大」；有的人則把工作看作一種快樂，工作會使他精神亢奮、趣味無窮。

所以對工作感受的差異，主要取決於自己的態度，而不在於工作本身。如果我們能把自己的工作放在有價值的生活追求上，自己就會自然地視工作為一種享受。一個人自打他降生的那一天起，就成為一個生活遊戲的選手，生活遊戲的「玩」好和「玩」壞，全憑個人的玩法。如果你積極主動地參與其中，就會體驗到生活的精彩無窮，對自己的生活懷有極大的快樂和感恩，對於自己來說，每天都是一個新的開始，都是一個新召喚，每一次的失敗都是成功的一個新起點。有些人常常抱怨命運不公，卻不看自己為理想都做了什麼。其實，只要放平心態，拿出行動，你一樣也能活得很好，就像下文中的老虎。

有一天，一隻威猛強壯的老虎來到了天神面前說：「我很感謝你賜給我如此雄壯威武的體格，如此強大無比的力氣，讓我有足夠的能力統治整座森林。」

天神聽了，微笑地問：「但這不是你今天來找我的目的吧！看起來你似乎為了某事而困擾呢！」

老虎輕輕吼了一聲，說：「可不是嘛！天神真是瞭解我啊！我今天來，的確是有事相求。因為儘管我的能力再好，但是每天雞鳴的時候，我總是會被雞鳴聲給嚇醒。神啊！祈求你，再賜給我一種力量，讓我不再被雞鳴聲給嚇醒吧！」

天神笑道：「你去找大象吧，牠會給你一個滿意的答覆的。」

老虎興沖沖地跑到湖邊找大象，還沒見到大象，就聽到大象跺腳所發出的「砰砰」響聲。老虎加速跑向大象，卻看到大象正氣呼呼地直跺腳。

老虎問大象：「你幹嘛發這麼大的脾氣？」

大象拚命搖晃著大耳朵，吼著：「有隻討厭的小蚊子，鑽進了我的耳朵裡，害得我快癢死了。」

老虎離開了大象，心裡暗自想著：「原來體型這麼巨大的大象，還會怕那麼瘦小的蚊子，那我還有什麼好抱怨呢？畢竟雞鳴也不過一天一次，而蚊子卻是無時無刻地騷擾著大象。這樣想來，我可比牠幸運多了。」

我們是享受生活，還是視生活為苦海？這完全取決於自己的心理選擇。試想一下，如果你昨天失敗過，那對今天又有何妨？過去的永不再來，今天又是一個新的開始。

對於每個人來說，今天又是一個嶄新的機會，所以我們只有好好從今天重新開始，抓住後來的機會，才會取得成功。抱怨只能使自己沉溺於過去的生活，給我們的心理帶來壓抑，給我們的生活帶來負面影響，所以，我們應當收起自己的抱怨，好好地重新開始。

如果你能將每天的生活視為一種去克服暫時困難的機會，你每天得勝的機會便會比前一天多。早晨，當你睜開雙眼的時候，你便可以看到新的機會、新的得勝的可能、新的可學的規則以及新的競爭者，這樣自己就走在了時代的前面。成功是一種自然：我們對自己從事的工作，應該抱有一種積極樂觀的態度，無怨無悔，學會愉悅地克服工作中的一切難題，使生活中的各種機會自然地呈現在我們眼前，然後毫不猶豫地抓住它。

現實生活中，很多人都存在抱怨的心態，卻沒有想到它的負面效果：抱怨像一個沉重的包袱，它只會讓你的情緒變得更加憤恨，消極退步，傷害他人，甚至會摧毀了愛情、友情，使自己成為一個孤家寡人。在我們這個萬花筒般的社會裡，總有一些人活得不如意，我們隨處就能找到時常抱怨的人。

有人抱怨自己的專業不好，抱怨自己的住處很差，抱怨沒有一個好爸爸，抱怨工作差、工資少，抱怨自己空懷一身絕技而沒人賞識……其實，現實有太多的不如意，就算生活不曾厚待於你，你也不要抱怨；否則，它將成為你人生路上毫無價值的包袱，拖累你前進。

仔細思考一下，沒有一種生活是完美的，也沒有一種生活會讓一個人完全滿意，我們可能做不到從不抱怨，但應該讓自己少一些抱怨，而多一些積極的心態去努力進取。如果抱怨成了一個人的習慣，就像搬起石頭砸自己的腳，於人無益，於己不利，消極心理成了束縛自己的牢籠，處處不順，處處不滿。相反，去除心中的抱怨，自由地生活著，本身就是莫大的幸福。

對於處在不如意環境中的人們，與其埋怨自己的現實處境，不如好好地分析一下自己的原因，正確地面對現實，把握自己，充實自己。如果做到這一步，就是你成功的開始。抱怨只是無原則地浪費自己的光陰，這本身就是一種恥辱，生活不會因為你的抱怨而垂青於你的。所以，不要對自己目前的處境或各種不順存有抱怨，不如放平心態，接受目前的一切，從中去發現解決事物的出路和方法，然後無怨無悔地付諸行動，才有可能改變我們的不良狀況。

虛榮是死要面子活受罪

注重自己的臉面，是尊重自己的表現，而有的人注重面子太過火了，追求的是「別人有的我要有，別人沒有的我也要有」，以顯示和別人之間待遇上的「公平」，甚至要超過別人。為了可憐的虛榮心，他們經常違心地做事情，甚至是陷入自私、虛偽和欺詐境地，以此來獲得心理滿足。每個人都希望自己受到關注，以便突出自己的身分，從而表現自己一種獨特的自豪感。想做不平凡的人物，也是一種進步的表現，這種精神會讓自己產生動力，努力向前發展。但在某些時候，若這種心態過於強烈，則會使人產生逆反的結果。有的人為了得到表面的光彩，甚至不惜對自己的家人施以矇騙。

戰國時期，齊國有一個破落戶，這家的主人是個很要面子的窮人。他有一妻一妾，他經常在妻妾面前吹噓誇耀說天天有人請他赴宴喝酒，而且每次回家都裝出一副酒足飯飽的樣子。他的妻妾常常吃不飽飯，希望他能帶她們一起去吃宴席，他總會找出很多理由拒絕。有一天，他的妻子看他又要出去赴宴，就悄悄地跟在他的身後，一直跟到東門外的墓地裡，看見丈夫在吃人家墓地裡的祭品，回家後把看到的實際情況告訴了小妾，二人抱頭痛哭，都認為自己跟了個沒有用的丈夫。

這是一種典型的虛榮心在作怪，虛榮使自己不敢面對現實，甚至是自己的妻妾，生活在一種虛妄的滿足之中。這是一種自欺欺人的做法，害了自己，也害了別人。很多人認為，虛榮心是一種變了味的自尊心，是追求自尊的過分表現，是一種以自我為中心的性格心理缺陷，它對人的危害是非常大的。

有這樣一個故事，有一個乞丐，一次偶然的機會他得到了一套新衣服，他為此欣喜不已，甚至高興得常常忘了乞討，餓了不少時間的肚皮。而且，當他穿上這套新衣服的時候，感覺自己的身分與以往有了本質的區別，他想：身著這麼漂亮的衣服，豈能再與要飯者為伍。強烈的自尊心使他怎麼也不肯向世人伸出乞討之手，結果幾天過去了，穿著漂亮衣服的乞丐給活活餓死了。這個乞丐因虛榮而喪失生命，可謂悲矣！

虛榮之患可以危及生命，它所折射出來的意義，應該是對虛榮作了一個很好的闡釋。因此，我們不要虛榮，要過積極向上和實實在在的生活，並以自己的努力來打造屬於自己的那塊領地。這才是我們所值得驕傲和自豪的。懂哲學的人都知道，表面的東西即使再顯得真實，然而它畢竟屬於感性的東西，就像一層皮一樣，剝開時才露出它的真相。

表面畢竟經不起推敲，經不起論證，得不到實質性的東西無異於是自欺欺人，實實在在的東西才是人們所追求的。每個人都有很強的自尊心，都希望自己擁有相應的地位和財富來維持自身心理的平衡，但如果把自尊心建立在弄虛作假上，很多的時候則把積極向上的熱情熄滅掉，會使自己內心不安而憂慮，生活不會有快樂可言。

世界之大，無奇不有，生命多種多樣，萬物多姿多彩，人不必以別人的眼光來改變自己，即使平凡也有自己存在的不可替代的價值，我們不必為了自己的虛榮心生活在別人的眼光裡。我們何不快樂地堅持自己，為了真實快樂而生存？

那些虛榮心很強的人活得其實很累，他們在思想上不自覺地陷入虛偽和欺詐的陽奉陰違之中，這些與正大光明和謙虛謹慎、不愛慕虛榮是格格不入的。虛榮的人為了人們的讚美喜形於色，甚至不惜弄虛作假，對於自己的缺陷而是掩人耳目，不喜歡也不善於取長補短，他們對外界心裡虛得很，從不敢敞開自己的心扉，時間一久，肯定會給自己帶來沉重的心理負擔：在他們沒有達到目的前，為自己的滿意的現狀所耿耿於懷；在達到目的之後，為怕真相暴露之後，給自己帶來的心理折磨，心裡沒有快樂可言。

更為嚴重的是，他們為了誇大自己的實際能力或水準，通常採取隱匿、誇張和欺騙的伎倆來滿足自己的虛榮心。總之，為了美麗而虛幻的肥皂泡，虛榮者常常在生活中丟失了真實的自己，無中生有，自欺欺人，浪費了精力，額外地加大了負擔，一旦露出馬腳，就被別人所不屑。與其如此，為什麼不讓自己活得實在一些呢？應對措施如下。

1　注重真實，不打腫臉充胖子虛榮心理是看到別人風光的樣子，自己虛與模仿，以便也給自己帶來虛榮的快感，特別在一些生活條件方面，常打腫臉充胖子，甚至是負債累累。我們應該從實際出發，實事求是，擺脫自己從眾的心理效應。

2　正確認識榮辱觀，注重自己的人格我們應對面子、地位、得失和榮譽等有一種正確的認識，不要將別人的榮耀虛加到自己身上。還要認識到失敗對於我們來說，是一種很自然的事情，我們唯有從挫折中悟出生命的真諦，建立自信、自立和自強，並不斷努力，才能達到成功，從而消除自己的虛榮心。

3　糾正自己不良的虛榮行為如果你無意識地做了自大、說謊等虛榮行為，要馬上有意識地停住，及時補救，向別人還原事情本來面目，免得陷入被動，還一個輕鬆、真實的自己。

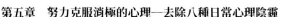

遠離害人害己的猜疑心理

猜疑容易使人迷惑，做事情猶豫不決，亂了分寸，分不清敵我，混淆了是與非的標準，使人際和事業遭受損害。當猜疑襲上心頭的時候，我們要毫不猶豫地遠離它，以防被它所連累。

法國作家拉羅什夫科說過：「猜疑的黑雲蒙蔽了我們的心靈之窗，使我們的靈魂黯淡齷齪，最終會毀掉我們本應擁有的一切人間美好的友誼。」通常的情況是，曾經的朋友本來對你很好，且尊敬有加，只是由於你的心中的小算盤撥得稀哩嘩啦，心靈長了雜草，對別人開始疑神疑鬼，對別人的話斷章取義，產生誤解，懷疑別人對自己不利。通常，由於誤解了別人的一些玩笑話，或某一細小的動作而懷疑別人算計你，並生出一些「莫須有」的偏見，從而堵死了與別人的交往，中斷了與別人的友情聯繫。

在生活中，可能把一對男女一次極為平常的交往猜測為不正當的男女關係，可能把同事帶給你愛人的工作資料疑為「地下」情書，可能對別人的玩笑話浮想聯翩……無休止的懷疑，可以導致一個好端端的家庭破裂，可以導致摯友反目。

在工作中，兩個只是一般同事的人可能因為他們的一舉一動，而被你懷疑為出軌、不忠，如果再加上豐富的想像力，就可以無中生有，被你中傷。

劉伯溫曾說：「善疑人者，人亦疑之；好防人者，人亦防之。」經常猜疑別人的人往往會給別人惹出一些不著邊際的麻煩，人們對猜疑者常常是唯恐避之不及，沒有人願意和猜疑者結交。猜疑者常常感到孤獨，無人施以援手，生活常常寸步難行，結果自身的能力無法施展，難成大器。猜疑的人，行事風格往往行動遲緩，遇事拖泥帶水，猶豫不決，前思量、後思量，思維左右搖擺，總讓人捉摸不透而陷入進退兩難的境地。所以，好猜疑者的優柔寡斷，從不給人以安全感，往往得不到別人的信任。

俗話說：天下本無事，庸人自擾之。猜疑者常會無緣無故地做出一些令人匪夷所思的事情來，心理通常悲觀，遇到事物總往壞的方向想，妄加揣測別人，對別人捕風捉影，甚至是草木皆兵，也不相信自己，最終迷失自我。

俗話說：疑人不用，用人不疑。可生活中總有一些生性多疑的人，他們對別人常抱有防範之心，認為別人總與自己過不去，把事情總往不好的方面想，時刻警惕別人對自己不利，視別人為威脅，甚至對別人產生恐懼心理。同樣，他們做事也不相信自己，認為只有自己對事情「絕對地控制」才感到放心。

總之，猜疑者總是無端地懷疑和防範別人，最終把自己變成了頭腦僵化的孤立者，為自己設置了前進的路障。猜疑既傷了別人，又孤立了自己，其實，大可不必這樣做。當對某個人或某件事情感到懷疑時，最簡單有效的方法就是直接與那個人交談，友好而坦誠的交流，可以獲得對方真實的意圖，自己就解開了疙瘩，也不會把它再放在心上了。

所以，與其懷疑別人，不如自己自覺地培養理解他人的寬容氣質，相信別人，相信自己，走出「神經過敏」的潛意識，形成開朗豁達的性格。我們在生活中可以這樣消除猜疑心理。

（1）提高自己的心理素質。培養開闊豁達的胸懷，增強對別人的信任，排解自己的不良心理。

（2）擺脫定式思維和錯誤思維的束縛。所有的猜疑一般都是建立在自己的假想和推測上，只有擺脫了定式思維和錯誤思維，走出先入為主的牛角尖，才能使自己的猜疑心在有悖常理的情況下自行消失。

（3）敞開心扉。增強自己處理事情的透明度，將心靈深處的猜測和疑慮公布於眾，讓其彼此理解溝通，增加信任，消除隔閡。

（4）不偏聽偏信。對於傳言不偏聽偏信，要冷靜而正確地分析判斷事情的真偽，以防上當受騙。

（5）事物的結果未出現之前，不表露自己的態度。對於某些可疑的事情可以有所警惕，但為了避免傷害到別人，引起誤會，在結果沒有出現之前還是不作聲為好。

報復意味著無窮的代價

莎士比亞曾說：「不要由於你的敵人而燃起一把怒火，讓心中的烈焰燒傷自己。」

報復是一種划不來的心結，通常會讓我們對別人恨得牙齒癢癢，咯咯響……使我們的心理始終處於一種自我折磨的狀態之中，繼而情緒失控，熱血上湧，筋疲力盡，使我們感到既疲倦又緊張不安，甚至誘發高血壓或心臟病等。報復使我們如此內耗，報復別人的代價遠遠超過了事件本身。

古時候，有一位畫家在集市上賣畫。突然，不遠處前呼後擁地走來一位大臣的兒子，這位大臣在年輕時曾經把畫家的父親欺詐致死。大臣的兒子在畫家的作品前流連忘返，並且選中了一幅，準備買下。畫家卻匆匆地用一塊布把它遮蓋住，並聲稱這幅畫給多少錢也不賣。

從此之後，大臣的兒子由於得不到畫家的畫，得了心病而變得日漸憔悴。最後，大臣親自出面，表示要不惜一切代價購買這幅畫。可是畫家寧願把這幅畫掛在自己畫室裡的牆上，也不願意出售。每天回到家，他在畫前，陰沉著臉，自言自語地說：「這就是我的報復。」每天早晨，畫家都要畫一幅他信奉的神像，這是他表示信仰的唯一方式。可是現在，他覺得這些神像與他以前畫的神像日漸相異。這使他苦惱不已，他不停地找原因。

突然有一天，他驚恐地丟下手中的畫，跳了起來：他剛畫好的神像的眼睛，竟然是那個大臣的眼睛，而嘴唇也是那麼酷似。他把畫撕碎，並且高喊：「我的報復已經回報到我的頭上來了！」

透過這個故事，我們明白了：如果一個人心裡懷有報復，自身受到的傷害比被報復的人還大。因為，報復會使人從無錯到有錯，繼而瘋狂，失去理智，做出不可預料的錯事來。讓我們來看看報復的代價吧。

一是精力的耗損。自己每天都生活在報復的陰影之中，想到傷心處，會勞心傷神，耗盡了精力，元氣大傷，影響了自己的身心健康。

二是機會成本。有的人為了報復放棄了自己一輩子的事業，失去了自己本應得到的各種成功機會。

三是時間成本。有人說：「君子報仇，十年不晚」，可我們的人生有幾個十年呢？這十年當中，我們錯過了多少人生美好的事物啊！因此可知，報復的代價是慘痛的，更是無價的。與其這樣，為什麼不讓世界多一些美好呢？難道活著只是為了報自己的私仇嗎？對一個具有高情商的人而言，他一定會知道什麼東西對自己有意義，更有價值。

報復雖解恨，但為自己增添了新的仇恨，冤冤相報，何時了呢？有些人遠不如下面的灰熊大度。

在美洲的一個原始森林裡，生活著一種灰熊。當被獵人布下的力緊齒銳的夾子夾住了爪子後，牠會用利齒啃斷自己的爪子，之後，便悄悄躲起來，用舌頭舔自己的傷口。有一種解釋：熊是在伺機報復，在等待獵人出現，而後去攻擊他，以報失爪之仇。而當地的獵人說，熊根本沒有報復的念頭，受傷後，熊只記著：殘了，也要好好地活下去。灰熊之所以殘了也要好好活著，應該是源於它對獵人的寬容。因為作為一頭灰熊來說，只有四隻爪子，如果被夾掉一隻，報復也是剩下三隻，寬容也是剩下三隻，報復和寬容對它來說已經沒有區別了。

生活在這個熙熙攘攘的世界，人與人之間發生一些摩擦是必然的，且大多的時候，不是故意而為之。因此，人們在一起工作或生活，相互之間經常需要合作和交流，發生矛盾和碰撞是不可避免的。試想一下，別說我們小小的人類，就連宇宙中的天體也時常發生碰撞，甚至出現吞併現象，群居社會中的人只不過是天體中的極渺小的一分子而已，又怎麼去計較自己的這一點得失呢？

人有了矛盾和損失，完全可以透過正常的管道解決，或賠或要，報復其實是沾不上邊的。所以，既然這樣，就不要被日益反覆的報復所折磨，否則，就會成為報復的囚徒，甚至將自己的人生搭進去。

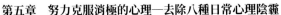

下篇　人生可以很快樂——播下快樂的「基因種子」

快樂或不快樂都是我們內心的反應，與其他事物沒有實質關係。因此，我們何必被外在事物牽著鼻子走呢？花開花落，四季交替，斗轉星移，日月滄桑。世上的很多事情不是以我們的意志為轉移的，何不看開些？在有限的生命裡，我們不如播下快樂的「基因種子」，讓它在心裡生根發芽，改變內心的荒漠，阻擋外來的風沙，保持旺盛的生命綠洲。

第六章　正確認識積極的人生

——弄懂人生基本的常識

許多人之所以煩惱，最主要的是因為他們不能正確認識人生，不能從一種正確的角度去看待問題，導致了他們的視角發生了偏頗。即使是一些正確的東西，在他們看來也是錯誤的了，這是導致心裡煩惱的誘因。

沒有完美無瑕的人生

人生沒有一種不幸可與失掉時間相比了。

——屠格涅夫

稍微有些生活經驗的人都知道這個道理：世界上不存在完美，追求它，即是追求根本就不存在的東西，結果只是自己徒增煩惱。所以，一個人要想讓自己活得快樂一點，就不要對自己太過苛求，不妨把自己的瑕疵當作自己進步的突破口。世界上的每一個人都有著自己不足的地方，都有其自身的弱勢，無論他是平民百姓，還是偉人商賈。就拿美人來說，中國的四大美人都有其不足之處：據說西施長了一雙大腳板，王昭君的肩膀是斜的，楊貴妃有狐臭，貂嬋的耳朵太小。

連公認的美人都有缺點，何況是普通人呢？生活更是這樣，它不會十全十美，留給你的總有不足存在。其實，「不幸」永遠存在，否則可與失掉生命相比了。因此，不完美的生活才是生活，才是人生的動力，而一旦接近完美了，就意味著要走下坡路了。總之，人性是一個複雜的問題，苛刻的心理是永遠不會得到滿足的。

試想一下，如果生活中只有晴空萬里，而沒有烏雲籠罩；只有幸福而沒有悲哀；只有快樂而沒有痛苦，那麼，這樣的生活就根本不是生活，至少不是人的生活。人們的幸福是由悲傷和喜悅交織在一起的密線，快樂正是有了悲傷才顯現。在生活的法則中，不幸和幸運緊緊相隨：當一個人獲得成功的時候，要提防那個失敗尾隨而來；當一個人處於困境的時候，如果想要走出去，就要耐心地忍受各種苦難，才能體會克服困難後的勝利喜悅。

每個人的人生都有著自己的不足，所以，我們要正確地認識它，要容許不足的存在。快樂和悲傷都是人類自己「創造」的，每一顆心靈都會給自己留有一個小天地，喜悅的心情就使自己的這個小世界充滿快樂，而不足的心靈則會使這個小世界充滿傷感。在有潔癖的人眼裡，不經洗過的東西就是髒。於是，他把家裡的所有東西裡裡外外都洗了個乾淨，但在他的心裡仍認為有很多東西是不潔的。

就好像那些追求完美的人一樣，他們強迫自己努力達到不可能實現的目標，卻很懼怕失敗，可是生活的處境常常給他們以失望。大多數的事實證明，越追求完美，生活越會出現不足，這樣不但會出現焦慮和沮喪的不良情緒，有損自己的健康，而且還會影響工作績效，讓人感覺不到生活的快樂。

追求完美生活的人常會感到不安，越是這樣，他們的工作成效就越會出現問題，根源在於他們用一種並不合乎邏輯的態度看待人生。他們最為普遍的錯誤想法就是，不完美的事物沒有任何價值可言，比如，在考試中考了99分，他們會對為什麼失去那一分而耿耿於懷，他們往往把那一分看得過重，這一分是他們心中永遠的悔恨，它使他們大感沮喪，認為這一分就是自己的失敗之處。

追求完美的人的心裡還有一個誤區，他們會認為自己「永遠不可能再把這件事情做好了」，而不會從錯誤的事物中記取生活教訓，常常自怨自艾，這種無休止的自責會使他們產生一些受挫和內疚的感覺，所以他們的生活裡沒有快樂可言。為了幫助那些追求完美生活的人改掉這一不良習慣，美國加州大學的伯恩斯教授列出了追求完美的弊病：這樣做有可能會偶然成功，但有以下弊病。

（1）讓自己神經高度緊張，有時連一般水準都發揮不了。

（2）自己往往不願意冒險犯錯誤，而錯誤恰恰是做事的過程中必然會發生的。

（3）不敢嘗試新事物。

（4）對自己苛刻有加，令生活失去了情趣。

（5）成天處於緊張的狀態下不能自拔。

（6）不能容忍別人，認為自己是個吹毛求疵者。

由這個弊病分析得出，如果放棄追求完美，會使自己的生活充滿輕鬆愉快，充滿勇敢追求，讓自己感覺生活更有意義和更有成就感。因此，伯恩斯教授說：「假如你的目標切合實際，那麼，通常你的心情便會較為輕鬆，行事也較有信心，自然而然便會感到更有創造力和更有工作成效。

不過，事實上你也許會發現，在你不是追求出類拔萃的成就而只是希望有確實良好的表現時，反而可能會獲得一些最佳的成績。」生活從來就是不完美的，因為你的成功離不開錯誤的沉澱，前事不忘，後事之師。以後遇到同樣事物的時候，自己就會避開錯誤的方法和思路，直接走上正確之路。那些敢於面對恐懼和保留犯錯誤權利的人，往往生活得更快樂和更有成就感。

正視自己的缺陷和不足

金無足赤，人無完人。有缺陷和不足並不可怕，可怕的是不能正視自己的缺陷和不足，不能彌補自己的缺陷，不能克服自己的不足。正視自己的不足，是一個人克服缺點，走上成功的開始，接下來就是取長補短，發奮圖強，甚至一飛沖天。人如果敢於正視自己的不足，虛心向周圍的人學習，取人之長，補己之短，就一定會取得進步。面對自己的弱點，與其遮遮掩掩，不如勇敢面對，活出自己的精彩。通常，人們只會看到你閃耀的人生光華，不會注意到你的缺陷和不足，這是你閃耀的人生光華遮住了它。因此，缺陷和不足不可怕，最為重要的是要扶正自己那種扭曲的心理，走出自身心理的陰暗，該做什麼就做什麼。

有一位年輕人，對大學畢業之後何去何從感到彷徨，因為他沒有考上研究生，不知道自己未來的發展，且他的女朋友將去一個人才雲集的大公司，很可能會移情別戀。別的同學都主動去聯繫公司，而他成天借酒消愁，無論做什麼都提不起興趣來，天天混在宿舍裡，無動於衷，甚至天天夢想著時來運轉。他心裡煩擾，經常不可避免地和同學爭吵，陷入了一種無所事事的煩躁狀態之中。最後他的同學們幾乎都找到了自己的工作，而他卻煩惱叢生，整個人到了即將崩潰的邊緣。

於是他去找心理醫生。心理醫生說：「無病呻吟！你曾看過章魚吧？有一隻章魚，在大海中，本來可以自由自在地遊動，尋找食物，欣賞海底世界的景致，享受生命的豐富情趣。但牠卻找了個珊瑚礁，然後動彈不得，焦躁不安，吶喊著說自己陷入絕境，你覺得如何？」心理醫生用故事的方式引導他思考。心理醫生提醒他：「當你陷入煩惱的狀態時，記住你就好比那隻章魚，要鬆開你的手，讓它自由游動。繫住章魚的正是自己的手臂。」

就像這個故事中的年輕人一樣，人很容易被種種煩惱所捆綁，但都是自己把自己關進去的，不能正視自己，導致自投羅網的結果。就像章魚，作繭自縛，而從不想著走出來，最後讓無謂的煩惱毀了自己。現實生活中，一些人時常感到困擾，其實，困擾他們的不是事物的本身，而是他們不能認識到自身的不足，對於自身的弱點不能正確地面對，無限地放大了自己的缺陷，一旦遇到自己的薄弱方面的事物，往往不戰而逃，這才是困擾的根本。

所以，生活中的我們要正視自己的不足，其實它並沒有想像的那麼可怕，不必焦慮和煩惱，敢於正確認識和麵對才是明智的選擇。如何正確對待自己的不足呢？要從整體中客觀地評價自我，對於自己的不足，既不要人為地放大，也不要人為地縮小，要正視它，並想出一個切實可行的目標去突破解決。否則，就會打破自身的內心平衡，要麼感覺自己太沒有用，要麼怪老天太偏心，成功無路，久而久之，心理扭曲，無窮無盡的煩惱和憂慮纏身。

不同的人有不同的缺陷：有的人患得患失，有的人意志力薄弱，有的人朝三暮四、見異思遷，有的人顛三倒四、混亂不堪。很多人對自己的能力和水準認識往往會過高地估計，意識不到自己的缺陷會成為前進的路障，賦予了自己過高的期望值，而一旦不能實現目標便心裡沮喪和產生對生活的挫折感。如果是這樣，作為普通人的我們何不全面地審視一下自己？

以一顆淡泊的平常心來對待一切事物，對什麼事情都拿得起、放得下、想得開，不做自己期望值太高的事情，揚長避短，建立一個適合自身發展的可行目標，用汗水去努力實現它，以體會到成功的快樂，豈不更好？對於自己的不足和弱點，我們何不真實地面對它，用積極的態度去對待，用真實的種子播入心中，用生命的沃土去培育，用我們的熱血去澆灌，用心靈的智慧去呵護。

如果它在鬧市，就讓它成為一盞明燈；如果它在原野，就讓它成為一棵茁壯成長的禾苗；如果它在高山，就讓它成為一棵珍貴的雪蓮。如果把人生比做白玉，那麼不足就是白玉上的瑕疵，如果你能看到自身人生的瑕疵，那麼，你就應該精心地雕琢它，把它變為一朵五顏六色的花朵。學會正視自己的弱點，才是正確的人生態度。對於一個企業也是如此。它山之石，可以攻玉。

很多企業透過對自己落後制度和管理方式的改進，創造了瀕死復生的奇蹟。正視不足，就是將自身的缺陷轉化成了源源不斷的前進動力。很多城市正是正視自己的不足，借助其他城市發展的經驗，努力發展自己的優勢，而成為經濟快速發展的典範。對於一個民族和國家也是如此，如果不能看到自身弱點的話，不能認真吸取別國發展的亮點的話，那麼，這個民族和國家則是倒退的。對於這點，腐敗無能的清政府就是一個典型的例子，不學習西方的先進技術，夜郎自大。

對於一個企業和家庭也是這樣，如果你「不抬頭看天，只是閉著眼睛走路」，總有令你跌跟頭、傷心的那一天。古人云：知恥而後勇。正視人生的不足體現的是一種理性的思考。我們以前取得的一點成績，對過去可能意味著功勞和進步，而對未來則可能是一種不足和動力。常思不足是一種積極的進取精神，這時，看到不足的我們要增強信心，厚積薄發，一鳴驚人。

對於一些有時效的事情，自己最好能及早反思，正視不足；否則，不到黃河不死心，真要到了黃河，後悔莫及。總之，正視自己的不足，勇於向先進學習的良好態度，是前進的動力。

生活其實不複雜

生活就是生活，一日三餐，日出日落，周而復始，它本不複雜，只是人為地把它感性化了。勞累的生活是由於人們心裡的不滿足，貪心地無度索取，過度付出辛勞，超越了人應承受的負荷，與實際的情形產生較大落差所致。生活是不可預測的，沒有一個人會知道自己未來的情況如何，但這並不意味著生活有多麼複雜。我們只是為了自己的一日三餐而奔忙，賣力地工作，該下班的時候就下班，該吃飯的時候就吃飯。特殊情況的時候就加班或應酬或偶爾出事，還有就是生老病死所演繹的人生插曲。

由於我們人類的豐富情感，每個人對一件事實可以演繹出很多不同的感受，上千個人對一件事實可以演繹出成千上萬種感受，上千個人對上千件事實可以演繹出無窮無盡的感受來，這構成了大千世界。有矛盾了，大家一起想辦法，解決實質性問題，而不是千思量萬考慮，只想對自己有利。

我們應該追求心靈的快樂：有自己自由的獨立空間，不打擾別人，也不被別人打擾，平平淡淡，保持一顆坦然而寧靜的心靈。很多人為什麼活得那麼累？根源在於他們的內心思維的多面性，因為他們過於羨慕別人的優越而忽視自己所擁有的一切。

在高度發達、高度文明的今天，我們基本上衣食無憂，只要家庭的和睦、陽光、空氣、水就行了。有的人過於羨慕別人的優越，給自己增添了很多無謂的煩惱。與其這樣，不如平心靜氣地看待別人的輝煌，儘管自己無力改變這個世界，但可以改變自己去適應，可以快樂的心態面對別人的一切，可以快樂的心態守護自己的一切，這也是一種瀟脫的生活態度。生活其實很簡單，就像一間大房子，應該要盡可能簡單一點。就好像我們房子裡面的東西，很多都沒有了實用價值，該扔的要毫不吝嗇地扔掉，不扔掉就是一個累贅。

另外，做事也要有條不紊，因為人沒有分身術，不可能同時參加所有的社會活動，重要的是要行之有效地做一些最需要做的事情，其餘無關緊要的事情只是給自己徒增煩惱而已。比如，我們不要愛慕虛榮，不和別人盲目攀比，看見別人有成就不去眼紅，安然自得地過自己的生活，使自己的精神始終保持一個良好的狀態，而不受外來因素的影響。人生何不從從容容、自自然然，忘卻一切的浮華，去過一種輕鬆自在的簡單生活？

就像科學家愛因斯坦一般，他的生活通常很簡單，房子裡只有一把小提琴、一支筆、紙張等少數必備的物質，這對他來說，就足夠了。下班後，拖著疲憊的身軀回到家裡，幫家裡做做家務，換一種樂趣，換一種心情，學會放鬆，我們就一定會過得輕鬆，其樂融融，還自己一個簡單而精彩的生活。

生活得簡單一些，我們不必有驕人的容貌，重要的是要有毫無抱怨之心，因為生活總有這樣那樣的不足，只要自己開心，簡單地過著自己的生活，該拿起的拿起，該放下的放下，自由自在地揮灑著生命，抓住人生的每一次機會，生活自然會精彩，自然會絢麗，因為生活本來就很簡單。

像名利、金錢和榮耀……這些永遠是我們的身外之物，它們都不是我們最終所需要的，當我們經歷了人生大起大落之後，就會把人生看得實在而又平淡。正如我們的人生一樣，生活不必每天都捷報頻傳，更多的時候是平平淡淡地生活，這一切簡單而實在。

總之，生活遠沒有想的那麼複雜，只要不墮落、不虛度，該前進的時候前進，該後退的時候後退，失敗保持足夠的信心，成功保持相當的冷靜，平平常常中，自由自在地生活就可以了。

不要杞人憂天

對於一些事情，沒有必要杞人憂天，因為它發生的機率只有千分之一，萬分之一，甚至億分之一。如果為了這一丁點兒的機率讓絕望占據你整個心靈的話，實在是大錯特錯了。有的人總是想不開，時常焦慮不已，對身邊不知何年何月要發生的災難擔憂不已，恐怕哪一天也落到自己頭上。有人甚至擔心人們賴以生存的地球被黑洞吞掉，或者某一天被隕石撞擊，人類像恐龍那樣滅絕……他們的過分擔心和憂慮常常使自己寢食難安，嚴重吞噬著他們的健康，影響了他們的正常生活，就好像下文中的國王。

從前，有一個國王經常被一些奇怪的問題和想法所縈繞。一次，他突然在半夜醒來，忙問身邊一位非常有智慧的先知。

國王呻吟道：「偉大的先知啊！我怎麼也睡不著，因為我不知道，究竟是誰在支撐著地球？如果萬一它掉到萬丈深淵，那我們會不會摔個粉身碎骨？」

「陛下！」先知回答道，「地球是由一隻體積龐大的象馱在背上的，我們人類不會被摔著，看我們現在不是好好的嗎？」

國王長籲了一口氣，心裡得到了寬慰，於是繼續上床睡覺，但過了不久，他又在涔涔冷汗中醒來，把先知召到皇宮，又憂心忡忡地說：「偉大的先知，請您告訴我，是誰在支撐著大象呢？」

先知回答：「大象站在一隻大龜的背上。」

國王剛準備吹滅蠟燭睡覺，突然又一個問題上來：「但是大龜……」

先知握住國王的手說：「陛下，您可以適可而止了。否則，您永無安寧之日。」國王總是悶悶不樂，根源在於他總是杞人憂天地胡思亂想，引起了他不必要的憂慮。

類似這樣杞人憂天的人還真不少，他們常常對自己的要求過分苛刻，脫離實際，給自己提出一些難以到達的高要求。當面臨緊迫問題的時候，他們通常不能克制自己，絲毫不會顧及自己的言談和舉止，但卻非常在意別人對自己的看法，甚至對這些不必要的問題妄加揣測，引起無窮無盡的煩惱。

杞人憂天的人的悲劇在於，做事情太注重細枝末節，而忽視把握大局，前思量，後考慮，在事情面前反反覆複、優柔寡斷，心中總被不安、懺悔、焦慮和痛苦所占據。其實，生活中的每一個正常人，都有自己一些「杞人憂天」的行為，它好像一種心理強迫症一般，只不過較輕罷了。比如，外出時常常回過頭來看看門鎖了沒有，窗戶關了沒有；參加考試太過小心，題目總是看了許多遍，看看到底有沒有錯；晚上臨睡前，總是以為牆上有個影子在作怪，把燈拉滅，再打開，如此反覆……

其實這些所擔憂的事情根本不會發生。對於這種情況，有三個方法可以化解我們「杞人憂天」的煩惱。

(1)要讓自己生活在一個與人相處的環境中，並主動地和別人多交流，特別是多和自己的朋友、同學、親朋等熟悉的人交流。

(2)回歸理性。將自己的擔憂從多方面考慮和理解，不能僅限於狹窄的思路。通常，不妨多換個角度考慮問題，還可能會找到很多新的方法和途徑來解決問題。

(3)多參加一些集體活動，培養自己多方面的興趣，適時地調節自己緊張的精神狀態。改善我們的人際關係，消除神經過敏，漸漸改變過於拘謹、膽怯等不良個性，養成一種活潑、開朗、自信和熱情的性格。

人生就是與不幸周旋

人是自然界唯一有思維的高級動物，除了獲取食物之外，還有崇高的追求，人活著的目的就是為了克服我們所沒有解決的問題和不斷實現目標，推動社會一步步向前發展。人生猶如電視連續劇，如果沒有不幸，沒有問題，就是生命結束之時。

戰爭結束了，有個年輕的吹號手離開戰場回家。他日夜思念著他的未婚妻，可是，等他回到家鄉，卻聽說未婚妻已和別人結了婚。因為家鄉早已流傳著他戰死沙場的消息，未婚妻只好嫁給別人了。年輕的吹號手痛苦至極，便離開家鄉，四處漂泊。孤獨的路上，陪伴他的只有那把小號，同時還有小號發出的淒婉悲涼的聲音。

有一天，他走到一個國家，國王聽見了他悲慟的號聲，立刻叫人把他喚來，問：「你的號聲為什麼這樣哀傷？」號手便把自己的故事一五一十地講給了國王。國王聽了非常同情，但他不落俗套，下了一道命令：請全國的人都來聽這號手講他自己的身世，讓所有的人都來聽那號聲中的哀傷。日復一日，年輕人不斷地講，人們不斷地聽，只要那號聲一響，人們便來圍攏他，默默地聽。

這樣，不知從什麼時候開始，他的號聲已經不再那麼低沉、淒涼了。又不知從什麼時候起，那號聲開始變得歡快、嘹亮，變得生氣勃勃了。這是當代中國著名作家史鐵生講的《小號手的故事》，自助才是小號手的人生希望，外來的幫助僅是換了一種形式而已，它不能從根本上消除小號手的哀傷。

誰也沒有把握以後不讓困境找到自己，它不可能永遠被消滅，甚至常常存在。面對困境時，只要不跟周圍的人脫節，鼓起勇氣，鎮定地面對它，照樣生活得瀟灑。這時，困境對我們來說，也不是什麼困境，而是一種樂境。

屠格涅夫曾說：人生沒有一種不幸可與失掉時間相比了。只要我們活在世上一天，困境就不可能消除，因為生活在這個世界上的人，不論是誰，都不能避開不幸，否則人生就沒有了意義。人們常說，人生如棋。如果什麼困難都沒有了，那就直接可以將軍了，意味著這盤棋就下完了，所以下棋重在過程。人生也是這樣，重在過程，重在自己所走過的道路，因此珍惜人生的每一步，不能因為一時的受挫，而使自己情緒低落，甚至破罐子破摔。

其實，我們面前的境況，只是以前人生的結果，不要為了以前的得失而影響了後面的人生，否則，自己的損失更大。人生不可能消除困境，樂觀的人視困境為老天對自己的恩賜，因為自己又「有活幹了」，這何嘗不是一種新的生活態度，或是一種新的人生境界呢？認為人生困境不可根除的人是勇敢的人，他不再寄希望於命運的垂青和優待，而是憑一種樂觀的精神，不恐慌，不逃避，鎮定地面對它，它總會有一天被俘虜或征服。

因此，我們要敞開心胸，正視逆境，付出足夠的辛勞，施以超乎尋常的耐心，因為它不是一步到位或一蹴而就地解決的。總之，我們一生會不斷地遇到不幸，重要的是，要以樂觀的精神一直走到人生的終點。

成功青睞樂觀的人

哈佛大學心理學博士丹尼爾．高曼曾說過：「越艱難的工作，就越需要對事物樂觀思考，樂觀是一種最有效的工作策略。」對於大多數人來說，當工作一帆風順的時候，心裡感到比較愜意，做什麼事情也都表現得積極樂觀，而一旦自己的工作和生活陷入困境，苦苦掙扎難以突破時，就好像條件反射一般，我們的心情立刻悲傷起來，陷入其中而不能自拔。

在香港舉行的一次成功論壇上，亞洲首富李嘉誠認為：應該把苦難看作上天對自己的考驗，積極進取，凡事都要樂觀面對，樂觀是脫離失敗唯一的靈丹妙藥。他還說：「我們做生意、創業務的時候，就要屢敗屢戰、愈挫愈勇。或許顧客『移情別戀』了，資金緊張了，遷移或關門大吉了等。當面對這些的時候，我們必須懂得樂觀相對，以堅強作基，勇敢地從穀底中爬上來。」

痛苦的人之所以痛苦，是因為他們總是惦記著苦痛的緣故。本來身上就有了一種不幸了，何必再以精神的苦痛來給自己施加壓力和包袱呢？哲人說：「只有善於忘卻困境的人，他才能漸入佳境。」看那些在世界上最拔尖的人物，哪一個不是將挫折拋諸腦後？然後拚搏不止，滿懷信心地向成功的頂峰攀登不已的模範啊！

對於樂觀者來說，挫折和苦難是上帝賜予他們最珍貴的禮物，樂觀的人看到滿天星斗，悲觀的人見到滿地汙泥。路是人走出來的，好比在原始森林中，沒有一條道不是披荊斬棘得來的。天無絕人之路，只要你憑著樂觀必勝的精神，肯思考和尋找，就一定會走出屬於自己的道路。一個演說家說過：樂觀是什麼？樂觀就是轉換心情，走出不快，並寄希望於明天，盡全力在今天！

有人還說：如果換個心境，就一定會走出困境。但那些悲觀的人，總會在機會中看到苦難，樂觀的人卻總能在困難中發現良機。眾所周知，我們到達人生中成功的頂點往往是一瞬間的事情，而生命中的絕大部分不過是我們在苦難中攀爬的過程而已。人生平坦的天然大道少之又少，重走別人走過的平坦之路也不會有大的創新和發展，所以當我們在開拓自己道路的時候，雖然艱苦，但是自己的。想要這樣，就必須具有樂觀的性格，具有和困境作鬥爭的信心和決心，這樣才有可能逢凶化吉，轉危為安。當人生處於不景氣的時候，悲觀的人選擇埋怨不景氣，樂觀的人選擇努力創造人氣；悲觀的人等待機會，聽憑命運的擺布，樂觀的人積極主動創造機會並殺出一條血路。

美國大都會保險公司曾為公司保險業務員過高的辭職率所困擾，這大大影響了公司的業務發展。於是公司拿出重金聘請專家研究「為什麼保險業務員工作未滿就相繼辭職」的原因所在。專家的研究結果表明：在辭職的人當中，一向悲觀的人占有最高的比率。於是，公司在以後應徵新人時，增加了一項考核：有關於悲觀和樂觀的測驗，選擇那些樂觀的人作為公司的新員工。公司經過一段時期的驗證發現，一個人即使天賦不高，但如果生性樂觀，他仍有機會成為一名出色的行銷人員。原因在於，他們不會因暫時的失敗而灰心，他們在失敗中屢敗屢戰，善於找到其他的方法來彌補自己的不足。

後來，美國其他的一些保險公司也證明了這個研究結論。其實，「悲觀」和「樂觀」都是來自心靈、能夠左右行動的力量，只不過是「悲觀」的人使自己行動向著成功相反的路途前進罷了，而「樂觀」的人是沿著成功的方向前進。如果讓我們選擇的話，相信不會有人選擇逆向成功之路前進的。所以，生活中的我們應盡可能地選擇樂觀，為我們在前進的路上加一把力。

總之，我們要學會判斷自己，我究竟是不是一個樂觀的人？如果不是，應該要如何克服自己，採取哪些有效的方式方法？因為我們能從樂觀的幻想和憧憬中汲取力量，使不利局面向著有利局面轉變，使我們一直向前走，在逆境中不斷克服超越，使前途永遠有希望。這個世界是屬於那些凡事樂觀的人，從現在開始，不要再沉溺於無謂的煩惱之中，學著看事物樂觀一些，擦擦眼淚，迎向成功。

幸福就是愉快地活著

人生在世，絕對不可能事事如願，對於一些棘手的事情要以樂觀的心態去對待。活在這個世上，天天快樂著，充分享受前人帶來的各種科技成果，追求屬於自己的目標，不是很好嗎？幸福其實就是愉快地活著。權勢和巨額財富可以給自己帶來驚喜，但這種欣喜之情維持不了多少時光，因為權大責也大，錢多棘手，而煩惱卻可能永駐心中。

所以，幸福不在於我們必須擁有多少財富，它的本質是能夠在精神上持續快樂。對於一個貪婪的人來說，權勢熏天或萬貫家財難以使其高興起來，因為他的樂趣在於不斷索取。他不認為自己處在優越的生活中，總認為自己過得不幸福，總有來自四面八方的干擾。相反，那些普普通通、生活還不怎麼富裕的人，勤奮吃苦，對生活充滿了樂觀自信，「給點陽光就燦爛無比」，這樣的人肯定會幸福的，別人無法阻止他這種內心的快樂。

物質享受的增加會使人快樂嗎？答案是否定的，有資料表明：美國人目前的收入比1960年代增加了兩倍，但他們感覺幸福的人的比率卻下降了六個百分點。雖然我們的物質生活水準比美國相對較低，但人均壽命卻相差無幾，根本原因在於：大多數國人對自己生活的主觀滿足感，並不比美國人差；而在美國人眼裡，他們好像生活更慘。

生活中，有的人有著巨額財富和崇高地位，可他們一點也快樂不起來，他們在比他們還優越的人面前唯唯諾諾，時時提心吊膽，甚至是噤若寒蟬，唯恐某一天不受寵而丟了位置，甚至丟了腦袋。那些為了某種利益而被迫結婚的男女，他們的生活也許只能用「悲哀」來形容了。而一些處於貧困狀態下的家庭卻不失溫馨和睦：他們起早貪黑，日日操勞，一回家馬上就會有一種回到港灣的感覺，妻子疼愛丈夫，丈夫憐愛妻子，孩子懂事積極上進，一天工作的勞累一掃而光，儘管清苦一點，但也其樂融融。

現在一些人非要把快樂和金錢畫上等號，由於這種誤解，又造成了多少不快樂啊。當在困境的時候，即使能得到別人的一點小恩惠，我們也會感激不已，也會備感幸福。幸福是什麼？

幸福是飢餓時的一塊麵包，是口渴時的一杯白開水。當你遇到不快樂的事情時，不要盲目生氣，試著坦然一點，說不定你會從中找出許多樂趣來。

綜上所述，人類永恆的追求是幸福，幸福體現的就是快樂，即精神上的滿足。所以幸福就是愉快地活著，否則，即使我們坐擁金山銀海也難以有幸福可言。

第七章　逐漸養成快樂的性格——性格決定你的人生

人活得快樂與否，與我們的性格息息相關。有些人非常在意自己在別人心目中的評價和形象，別人對自己的評價和態度成了自己是否快樂的晴雨表。其實別人無權令你感到煩惱，我們沒有必要為了別人的各種評價而耿耿於懷。

我們要保持自己的快樂，將快樂培植到骨子裡，培植到自己的性格裡。播下一種心態，收穫一種性格；播下一種性格，收穫一種行為；收穫一種命運。播下一種行為，快樂是一種心態，一種意識，一種心靈的滿足程度，養成快樂的習慣和性格就會獲得快樂。

快樂的力量

你發現了嗎?當開心的時候，你會變得那麼富有魅力，你的快樂氣息感染著周圍的每一個人，別人因你快樂自己也感受到快樂。在快樂心態的支配下，我們做事沒有理由不順利，沒有理由不成功。

在日本，有一個人把快樂推到了極致，快樂使他獲得了「終生成就獎」。在日本有一國家級的獎項設置，那就是「終生成就獎」，這是日本任何一位名流顯達或社會精英所翹首期盼的至高榮譽。但有一次，此獎破天荒地發給了一個從事著平凡工作的小人物——清水龜之助。清水龜之助只是一名普通得不能再普通的郵差而已，從事著單調、簡單而平凡的工作，但他獲得了沒有人可質疑的這個獎項，人們都認為這個獎項應該屬於他。

這是出於什麼原因呢？原因在於，他在整整25年的工作中，以始終如一的積極工作態度，投入而認真，而且他從來沒有請過假，沒有遲到過，沒有早退過，沒有脫崗過等任何有違公司規定的行為，而且由他經手的郵件沒有出現任何差錯，無論是雷電交加，還是天寒地凍，甚至於地震中，他都能及時而準確地把信件送到收件人的手中。

這不能不令人驚嘆，也不能不說是一個奇蹟。是什麼力量使他這樣嚴謹、準確而敬業呢？當別人問起他在平凡的工作中如何取得不平凡的業績時，他說：是快樂，我在自己的工作中，感受到了無窮的快樂，喜歡看到別人接到遠方親人來信時的那種發自內心的快樂而欣喜的表情。這讓他感到自己的工作有價值和意義。

很多心理學家認為：憂傷的時候，天堂可以變成地獄；快樂的時候，地獄也可以變成天堂。天堂或是地獄，都將取決於你的心境，一切都可以由你來選擇，相信沒有幾個人會選擇下地獄，那就選擇快樂的心情吧。痛苦，在它封閉時，具有很大的毀滅力量，這個條件在於你把痛苦牢牢地放在心裡，長久地積聚醞釀，使你變得歇斯底里。你看到別人都在快樂地生活，而你卻在感情封閉的空間內，忍受著苦痛和煎熬，一旦到達極端，則會走上自殺或陷入其他嚴重後果的境地。

如果把痛苦公開，別人好的觀念就會把你的不幸化解開來，所以，痛苦的時候，宜找親朋好友敞開心扉，宣洩不幸，並找出相應的解決方法。快樂，在它封閉時，我們可以自得其樂地去做自己的事情，可以沒事偷著樂，愉快地幹完自己的一切，到達自己的成功；在它開放時，我們可以和身邊的人一同分享。

多一個人分享，就好像火中加一根乾柴，溫暖在大家之間相互傳遞，暖意融融而又綿延不絕。快樂雖然是一個非常簡單的話題，但真正理解它精髓的人並不多，一些人認為快樂就是單純的高興而已，其實不然。快樂既是情緒上的高興，也是生命中美妙而又神奇的力量，看那些處於高位的人們，哪一位不是春風滿面，笑容可掬呢？因為他們知道，快樂可以傳遞給其他人，快樂可以在平凡的工作中鑄就輝煌，快樂可以讓人們看到黑暗中的亮光，快樂可以使病中的人看到生的希望，一切都那麼溫馨和諧。

時光可以帶走我們的青春，災難可以使我們陷入不幸，邪惡可以拿去我們的財富，病魔可以拿走我們的健康……但我們心中只要快樂還在，就不會被一切不幸擊倒，生活仍會充滿溫馨。生活中又有多少現成的例子：許多生活強者在不幸面前，總能樂觀地面對，不幸總會離去。快樂，它無處不在，喚醒我們心中的快樂，創造出我們的精彩。我們駕馭著快樂，把我們的生活築成美好的樂園。

不要搭理無聊的人

在這個社會中，我們會遇到各種各樣的事情和形形色色的人，這其中總會有一些無聊的人，他們嬉皮笑臉，惹是生非，無聊透頂。這些面目可憎的人，愛用一些虛無的小事來糾纏別人。面對這種情況，我們用不著為他們生氣，不妨置之不理或尋找法律途徑解決，不給騷擾者任何希望和可乘之機。

在經濟發達的今天，幾乎每個人都有手機，它帶給我們方便的同時，也給我們帶來不少煩惱：一般人都受到過手機騷擾，對方要麼汙言穢語，要麼糾纏不休，弄得自己一天都沒有好心情，一聽到電話響，心裡就感到恐懼。比如，一些剛生了孩子的年輕父母，就接到來自四面八方的嬰兒產品廣告的騷擾。

原因在哪裡呢?原因就在於年輕父母在婦產醫院或者婦幼保健部門留下的電話號碼，被一些嬰兒用品廠家千方百計地弄到手機就直接向他們推銷產品了。有的人家剛買了新房，就會被一些裝修公司打來的電話騷擾個沒完，問他是否需要裝修，還有很多的房產仲介也常打電話，問業主是否需要租房等，其中的原因是，自己留在售屋處的電話號碼讓那些從事有關房子業務的公司給抄去了，因為售屋處和這些公司之間有著千絲萬縷的瓜葛，而將居民的聯繫方式出賣了。

人都希望自己生活在平靜的環境之中，但生活中常會出現一些無聊之徒來干擾你的生活。很多人就遭受過煩人的騷擾，尤其是女性，這時，絕不要姑息遷就對方，不妨主動地拿起法律武器來捍衛自己。生活中最常見的是電話騷擾，有的女性一天會反覆接到無聊者的騷擾電話，要麼言語挑逗，汙言穢語，要麼就是罵人之類。有些膽大妄為之徒甚至敢三番五次地騷擾110、119等公眾服務電話。騷擾者騷擾別人的原因不同：有的人心理變態，有的人為了達到自己的目的而進行糾纏，有的人出於自己內心的不平衡而實行的一種報復行為。但不管出於何種目的，騷擾別人都是素質低下的卑劣表現。

當遇上電話騷擾時最好不要搭理他，如果騷擾者三番五次地打你的電話，你可以記下他的號碼，並把電話調到靜音狀態，接而不聽，放在一邊白白地損失他的電話費，或者利用手機的特殊功能遮罩這個騷擾電話。遇到電話騷擾的情況，還可以找電信公司解決。不妨帶上自己的有效證件，找電信公司領導反映自己所遇到的情況，電信員警會處理此類問題的。或者找律師去法院起訴騷擾者。要麼就換一個新的號碼，申請保密。生活中的我們之所以被騷擾，是因為我們一不小心把自己的聯繫方式透露給了別人或其他單位。

雖然它是我們生活中的小事情，但卻給我們帶來了煩惱，帶來了心理的恐懼。面對這些無聊的人，我們可以採用以下方法來杜絕它。

（1）不要向別人或單位輕易透露自己的電話號碼。
（2）接到騷擾電話時，儘量不和無聊者說話。
（3）把自己的電話設置成靜音狀態或用手機的功能遮罩騷擾者的電話。

酒店關門我就走

英國首相邱吉爾在一次競選失敗時留下一句令人難忘的名言：「酒店關門我就走！」退讓是一種睿智和境界，當自己的事業處於輝煌的時候，自己的收穫已經很豐富了，我們不妨見好就收，急流勇退，這其實也是一種好的做法。

孫子曾說：「兵無常勢，水無常形。」天地間沒有一成不變的事情，萬事萬物隨時而變，隨地而變。「三十年河東，三十年河西。」機遇不會總眷顧我們，當劣勢來臨的時候，不要總想著曾經的輝煌，最重要的是要認識到自己目前的形勢已經發生了根本的變化，及時做好「寒冬」前的應對。

一些事情終不是自己所能掌握的，如果大勢已去，就要勇於放下心中的妄念，心胸坦蕩，心平氣和，該退則退，該讓則讓，以適應人生的低谷階段。要以變化的心態應對時勢的變化。「酒店關門了，忍一時之饑，回家去吃，甚至第二天用餐又如何？而不必給他來『霸王硬上弓』，砸爛他的餐廳，吊銷他的營業執照。」否則，這樣對自己又有什麼好處呢？這樣過激的行為根本就不值得，我們不必把自己弄得肝火上升，不如坦然地離去，等酒店開門營業時，再來舒舒服服地「飽餐」一頓。

很多事情都不是以個人的意志為轉移的，要給予一些事物寬宏的理解，作為英國首相的邱吉爾也深有體會，因此他才說出了具有深刻意義的一句：「酒店關門我就走。」他不會因為自己有多麼大的力量或權勢來要求餐廳老闆不情願地繼續營業，這難道不是一種大度的境界嗎？很多事情都不是靠強制手段來達到目的的。如果在很晚的時候去吃飯，餐廳自然關門，而不能強行讓餐廳開門納客，不能強迫他們來滿足我們自己的需要。

同理，在一些事情上，我們不必強求別人的觀點必須和我們一致。生物的多樣性構成了美麗的大自然。如果大自然中只剩下了我們人類，人類將何其單調，人類的結局就會很淒慘，就失去了賴以生存的來源。在地球上生存不是人類的專利，要容納地球上的諸多物種，這是為了我們人類更好地生存，所以我們要保護動植物，保護大自然，而不能因自己一時受到損失就對它們大開殺戒。社會也是這樣，豐富多彩總要比一枝獨秀好得多。要以寬闊的心胸去接納一切，要容許其他事物的存在，允許它們「百家爭鳴」，因為事物本來就是多樣性的，各有各的優勢和特點，可以互惠。

但有的人崇拜權勢，不與民同樂，而以「順我者昌，逆我者亡」為人生信條，將世界弄得滿地血腥，結果很快被人們拉下臺。不同的人對相同的事物有不同的理解和做法，這是正常的事，我們不必干預和強求。該放下的放下，該讓的讓。不要強制自己做不喜歡的事情，也不要強制別人做別人不喜歡的事情。俗話說：強扭的瓜不甜！一些事情並不是靠強制能解決得了的，甚至有的事情永遠也不會有答案，但有的人偏偏愛走這個極端，如果不是嘗到了苦果，就絕不會罷手。

總之，一些東西，不是靠強制得到，而是靠威望和誠心得到，即使得到強制的事物，也是沒有幸福和快樂可言的。所以，凡事不能強求，這是一種寬闊的睿智，該來的時候必然會來，該走的時候一定要走，來的時候就必須抓住，去的時候要勇於捨棄。「酒店關門我就走」，既然吃了酒店的閉門羹，還有必要再待下去嗎？

沉默是金

沉默是金。在不能預知事物的發展趨勢或吉凶的情況下，是不能妄加斷言的。一旦事物的發展不像自己所斷言的那樣，自己便會為不當言論買單。沉默並不是不知情，而是保持自己的心靈清醒。把握住趨勢，把握住未來，以一種堅毅和超然，冷靜地看待事物往何處發展，只是不輕易地發表自己的見解，然後抓住事物的「七寸」，盡在自己掌握之中。沉默不是逃避責任，而是在敵我力量懸殊的情況下，不去做無謂的犧牲，是「留得青山在，不怕沒柴燒」的睿智。

就像民國時期那個在袁世凱身邊的護國都督蔡鍔，為了自己的安危，他在袁世凱稱帝的政治問題上總沉默。其實，蔡鍔早已是氣憤至極，決心以武力「為四萬萬人爭人格」。在表面上，他裝出了一副毫不關心政治的樣子，常常去北京的八大胡同，與名妓小鳳仙「日夜廝混」，以此行動來達到蒙蔽袁世凱的目的，避免了袁世凱對他的陷害。後來，蔡鍔一離開袁世凱的地盤，便宣布「討袁」。

沉默是金，事實勝於雄辯。大海的深處是靜謐的，這並不能埋沒它的深邃；起伏的山巒是沉默的，並不與誰爭論高低，而矗立的事實勝過一切；花朵的怒放也是靜悄悄的，它並不因此與其他的事物比光彩，而燦爛的花朵比什麼都有說服力。所以，大自然的大多數生物都在平靜中度過自己的時光，在沉默中留下歲月的滄桑和難以抹平的痕跡。孔子說：君子欲訥於言而敏於行。意思是說，要少說話，多做事。這是很多人遵循的人生準則。

一位政治家說過：「對一個人的評價不應該看他說些什麼，而應該看他做些什麼。」通常，因為利益的驅使，人們總是言不由衷或是言而無信。那些吵架的人，吵得最凶的往往是理屈詞窮的人，吵得不凶的人，往往是把真理握在自己手中的人。「良賈深藏若虛，大智深藏若愚」。沉默的人心裡不是沒有東西，只是暫時藏著而已，藏著的東西好像一張王牌，只有在必要的關鍵時刻才把它打出來，以得到最佳效果。

俗話說：「病從口入，禍從口出。」在很多情況下，沉默是金是為絕大多數人所認同的，其中的道理很簡單：發生的很多事實往往都是這樣。古往今來的人物因言致禍的例子數不勝數：有的人「語不驚人死不休」，有的人「語驚四座」，還有的人說得讓人雙腳跳。

歷史上，很多大臣因多說一言而被治罪或喪命的例子比比皆是，清代有個書生說了一句：

「清風不識字，何故亂翻書」，就被莫名其妙地砍掉了腦袋。在「文革」時期，又有多少人因言不當而被扣上「反革命」帽子。言多必失，很多人因為自己說了不該說的話而後悔不已，即使沒有大禍臨頭，自己也會過上一段擔驚受怕的日子。沉默讓別人摸不清你的底細，不會遭到他們的算計，他們就不會貿然出牌。

因此，在生活中對於一些沒有十足把握的話最好不要說，出氣傷害別人的話也不要說，造謠中傷別人的話更不要說。多說招怨，瞎說惹禍。一個沉默的傾聽者，不但到處受人歡迎，而且會逐漸知道許多事情。一個喋喋不休者，好像一隻漏水的船，每一個乘客都希望趕快逃離它。

正所謂多言多敗，只有沉默，才能保持不傷人。現實生活中，總有人不識趣，他們「哪壺不開提哪壺」，守著殘疾人說缺陷，當著和尚面說禿子，看著瞎子說眼睛……總之，就是「明知山有虎，偏向虎山行」，急於一吐為快，不說出來好像要憋死似的。

俗話說：人心隔肚皮。特別是在相互傾軋的封建官場，只要抓住對方不經意間說的一句話，就能置其於死地。有時，話說出來就埋下了禍根，甚至是惹來殺身之禍，與其這樣，不如不說。所以，我們平時要適當地保持沉默，特別是在一些言語沒有把握的情況下更應這樣。

我們只有靜下心來，養精蓄銳，大智若愚，大巧若拙，才能把自己的思維集中起來，心無旁騖地做好應做的事情，甚至一飛沖天，這樣豈不更好？當然，沉默是金，我們不能將它偏頗地理解為對人對物漠不關心，在壞人壞事面前事不關己、高高掛起。這不是沉默，而是人性的喪失，是逃避和怯弱的表現，還是社會責任感的喪失。

沉默是金，並不是說不讓你說話，而是在生活或工作中要慎言，要把話說到點子上，言不妄發，誠實守信，以給人冷靜負責的印象。恰如其分的語言，不會讓你傳達錯自己的信號，還會贏得很多人的尊重和信賴。與其口若懸河而誇誇其談，不如擲地有聲，一言九鼎。所以，沉默是為了把話說好，是為了到成熟的時候能夠一鳴驚人。這樣一來，沉默的確是金啊！

以苦為樂

在苦難面前，與其一直喊苦，一直怕苦，而消磨掉了自己抵擋困難的銳氣，不如以快樂的心情去勇敢面對生活中的一切。以苦為樂是人生的一種境界。自己如果以一貫的積極態度對待生活中的酸甜苦辣，就一定會迎來幸福甜美的日子。

有一個小夥子，在生活中屢屢不得意，一連碰了幾次壁。這使他異常灰心，於是他找到一個先知老人，將自己的苦衷一股腦兒地傾訴：「人活著其實就是受苦，親情不是很可靠，友情也是這樣。在愛情氾濫的今天，愛情同樣是這樣。做什麼事情都有如攀登懸崖峭壁一般，受苦的日子什麼時候才是盡頭呀？」

先知老人默默地聽著，對著他的臉觀察了半天，然後不緊不慢地說：「事物自有定數，當你30歲的時候就會好轉了。」

小夥子聽了，臉上出現一絲喜色，說：「到了30歲時，我是不是會苦盡甘來，得到自己人生應得的一切呢？」

先知老人說：「估計你的情形不會有太大的變化，但你的心理會有很大的變化。那時，你就學會以苦為樂了。」

長期幸福或痛苦都會使人變得精神麻木和感覺遲鈍，繼而在心態上消極，甚至幻想時來運轉。上則故事告訴我們：生活中的苦和樂都是相對而言的，關鍵自己是以什麼心態去面對。從對生活的感受上說，幸福和痛苦是相對的，無所謂痛苦，無所謂幸福，這都是感官帶給我們的體驗。人為什麼會有幸福和痛苦的體驗呢？那就是落差。如果一個人先辛勤勞作，然後坐下來休息，他就體會到勞作的幸福，這種落差不妨叫做正落差。

相反，一個懶漢懶惰久了，如果讓他工作，他會感覺痛苦，這種落差不妨叫做負落差。因此，正落差可以帶給我們強大的幸福感，負落差可以帶給我們強烈的痛苦感。從趨利避害的角度來說，人們常常選擇正落差，從苦到甜，這也是追求正落差的一種表現。人生不可能一帆風順，不可能沒有不幸，關鍵要學會以苦為樂，即使在順境的時候也要常給自己找些苦頭吃。

所以，朱元璋不忘苦日子，讓大臣們喝他落難時的「珍珠翡翠白玉湯」，憶苦思甜，不能忘本，珍惜來之不易的機會。而人如果從過富日子到過窮日子，就感覺痛苦多了。所以，以苦為樂是一種至高的境界，它換來的是以後的幸福和成就。面對即將到來的苦境，要積極勇敢應對，使自己處於一種主動備戰的狀態，隨時應對苦境的到來，而不是被它牽著鼻子走，苦過之後必定嘗到無與倫比的勝利快樂，那是一種征服的快樂，是一種人生價值實現的快樂，沒有比這讓人更有成就感的了。

以苦為樂就像人吃苦瓜，把苦瓜嚼到嘴裡，細細品味著那一陣陣苦感，似乎感覺不那麼苦了，倒是有一種別樣的滋味和樂趣在裡面，而且苦過之後，帶來的是祛火消毒以及清心明目等功效，使身體大大舒適。新的工作需要人吃點苦頭去適應。有的人喜歡做重複的工作，如果做一點新工作，就感到不自在，哪怕是一些簡單輕鬆的工作，也會一百個不願意。

其實，這些人有些可悲，不喜歡生活帶來的變化，哪怕是一丁點的變化，也會引起他們的不安。與其說這樣的人不願意做新工作，不如說他們不願意適應新生活，因為面對陌生的工作，需要動腦，需要付出精力解決，結果創新和突破與他們無緣。這樣的人不喜歡動腦尋求發展，只是被動地做著自己的工作，一旦環境改變，則會讓他們嘗到更多的苦頭。重複的工作有時令人感到乏味，感覺有點苦。

其實，重複的工作可以使人獲得經驗，提高技術，甚至可以使人「發現新大陸」。有的人開始工作的時候，由於處於一種新工作環境中，幹得富有動力和樂趣，但時間一長，他們就會發現工作中的人各司其職，都承擔著自己的角色，而覺得越來越沒有意思了，於是，工作不如以前賣力了，結果，業績平平。

其實，以苦為樂是一種人生的境界，它與自己的見識、環境的變化和自己的修養等都有關係。有一位潛能開發專家說過：「一個人如果熱心於他的工作，激起自己的興趣來，即使工作枯燥無味或者說負荷繁重，也不會覺得辛苦。而一個專等別人督促他工作的人，永遠不會有出頭之日，他還會受到無窮無盡的苦，甚至連生存也成了問題。」

所以，當我們有事可做的時候，是幸福的時候，好好珍惜自己手中的工作或事業，看似苦海無涯的同時，還蘊藏著大量的轉機。以苦為樂是一種境界和智慧，它不是單純的蠻幹，也不是說簡單的加班加點就是吃苦了。以苦為樂，是把生活和工作看作一種興趣，一種享受，自己以一種超然的態度去面對，激情中不留浮躁，自信中不留狂傲，信念中不鑽牛角尖……

總之，以苦為樂，就是說我們對待生活應有「苦行僧」的態度，只有這樣，我們才能取到真經。清苦的生活可以讓我們靜下心來，仔細地體味生活。以苦為樂，只有我們耐得住寂寞，才能等來黎明的曙光。

不要太敏感

敏感的人有很多優點，善於傾聽和觀察，不願意傷害別人，具有敏銳的「嗅覺」，能一下子看出問題所在，但他們常常想得過多，缺乏信心，跟自己過不去，總在尋找抱怨的理由，常把自己弄得焦頭爛額。生活中，有些人有著極強的自尊心，特別在意別人對他的一言一行。別人說錯了，他會耿耿於懷，自己做過的事情，他也會給自己編出一些事端理由來：我是不是做得太過分，是不是自己太無用了……

於是自責、悔恨和不安將自己弄得悶悶不樂，怕別人對自己失去信心，怕自己落後等。

一位姑娘這樣說出了自己的感受：在我的一次生日宴會上，男朋友給我買了一套高檔化妝品，可是我並沒有表現出多麼高興。我心裡想，自己是不是不夠漂亮，才需要化妝品呢？又有一次，我買了一套漂亮衣服，非常高興。他當時就大大地誇我：「你看起來真漂亮！」我納悶了，說：「你以前為什麼不說我這麼漂亮呢？到底是我漂亮，還是衣服漂亮？以前你怎麼沒有誇獎過我呢？」

總之，我經常和他為一些雞毛蒜皮的小事賭氣，他總說我敏感，但我又不知怎麼做才好？

上例中的姑娘在生活中過於敏感，常把男朋友的好心當成負面的事物。敏感的人一般具有強烈的自尊心，但都缺乏一種積極的思維，凡事常往消極的方面想，給自己帶來了無窮的煩惱。

一些心理學家認為，做人雖然不能沒有自尊，但很多時候，如果過於敏感，一些毫無根據的胡思亂想就會把我們的心情弄得很糟糕。而且，心理過於敏感的人，在人際關係中，會不可避免地遇到很多阻礙，沒有一個人願意和敏感的人做朋友。

最重要的原因在於，常常失去理智的他們會被人看作麻煩而不正常。有的敏感者常常背上自己製造的包袱，並被其壓倒，他們在生活中常常過於在意別人的言行，並為此苦惱。這種包袱或苦惱經常會影響自己的工作或學習。一些敏感的管理者在講話的時候，如果看到下面的人「竊竊私語」，就會浮想聯翩，認為自己開會講得不好，或者說自己的意見受到不公開的挑戰，結果心裡有了很大的誤會。要想自己活得快樂，少一些煩惱，就必須克服人際交往中存在的敏感心理，做一個寬容、大度而自信的人。那麼在生活中如何避免敏感的心理呢？

一是對一些常開玩笑的人，不能太認真；二是想不開的時候學會給自己找一個「平衡點」；三是遇事多傾聽別人的觀點，不能鑽牛角尖；四是不要太在意別人的評價；五是學著對事物寬容、豁達一些，降低自己的敏感度。

我們對於生活中的一些感知和看法，不要過於敏感，不要過於偏激，更沒有必要想得過多，其實事情遠沒有想像的那麼複雜，我們不妨多快樂和豁達一些，以使我們遠離塵囂的煩擾。

總之，我們不要過於敏感，敏感的結果會使我們失去理性，失去理性會使我們不明辨是非，不明辨是非會使我們生活在煩惱之中，而且還容易被淘汰出工作或事業的圈子。機會歷來都是給那些理性和大度的人的。

對事不對人

人做事的目的就是把事情本身做好，而不是對做事的人產生看法或意見，「以人取物」的行事風格是狹隘而勢利的，是自私、不和諧的，是對解決事物不利的。工作中，對事不對人既被人看作一種公平的行事方式，又被人看作一種處理事情的智慧。就企業的一件事情來講，不論他是企業董事長，或是中層管理者，或是普通員工，如果給集體造成了損失，做它的人就得承擔責任。有則改之，無則加勉。而不能因為你是總經理或董事長的某個親戚就可以為所欲為，網開一面，這樣的企業才會讓人信服，才會有發展潛力。

每個人處理事情時，要以一種「對事不對人」的心態去對待，要從事情本身去分析原因，而不從人的角度分析，這能讓別人看到一顆公正的心，讓別人從心底裡信服你，而不認為你「結黨營私」。在講究社會關係網的今天，能夠做到「對事不對人」的人，確實難能可貴。有的人是只要自己部門的人吃了虧，就不分青紅皂白，就把其他有關部門的人教訓一番。這樣看起來解氣了，又增進了部門內部的團結感，但部門與部門之間卻播下了矛盾的種子，以後一旦被對方抓住把柄，又是一陣吵鬧。與其說這樣才解氣，倒不如說這是一種胡作非為行為。

如果這樣，部門之間就會相互使絆子，可是「冤冤相報何時了」，從而容易導致企業發生「內訌」。有的人認為，「對事不對人」就是要顧及當事人的面子，是一種不得罪當事人的行為，是沒有原則性的表現，這樣的結果是，「板子」往往不會打到具體人身上，致使當事人依然我行我素，錯誤依舊。

這種理解是非常錯誤的，「對事不對人」是指不能以自己對某些人的固有態度而決定對事情的態度。比如，在單位裡，即使兩個人水火不容，也不要借一些工作事件對對方的人身進行指責或攻擊，處理事情的人要就事論事，客觀分析，而不要以為別人存在固有缺點就是導致問題的原因。很多明智的人在處理各種問題時，能夠從容不迫，該怎麼著，就怎麼著，而不像古代帝王對別人施以借刀殺人、置於死地等厚黑行為。

在鬥爭中，古代帝王一旦對某個人產生了敵意，就千方百計地謀害，以消除自己的「眼中釘」，其實這是徹底的「對人不對事」的行為。對現在的人來說，如果以自己的喜好而進行拉幫結派，黨同伐異，搞人際對立，就不能做好事情，還會使一些人恃權而驕，以致做出傷天害理的事來。

在一個集體裡，人們為什麼不能融洽地處理各種問題，以讓自己過得快樂一些呢？每個人如果都以集體的繁榮為目的，善於寬容別人，互幫互助，一視同仁，那麼，還有什麼難題不能解決呢？很多人都把「對事不對人」作為生活的一種準則，以人為本，不武斷，就事論事，從不冤枉一個人，從不對人性進行扭曲或傷害，這無疑是一件好事。但一些人卻打著「對事不對人」的幌子，做一個不敢得罪別人的老好人，致使一些事情進行不下去，這其實是「不對事也不對人」，而不讓做錯事的人承擔相應的責任，也是不對的。

對事不對人，是不以自己的喜惡來判斷事物，是處理問題的正確方式，是人生的一種修養，是自身的一種良好素質，也是促進關係和諧、融洽的法寶，它的目的是為了事業的興旺發達，而不是為了營造自己的小圈子。當然，每個人都有自己的喜好和偏見，在處理問題的時候，常常會自覺不自覺地偏向那些和我們有共同語言或良好關係的人。

控制你的脾氣

每個人都有自己剛性的一面，做事義正詞嚴、滿腔熱血和義憤填膺，這是有正義感的表現。但一些人面對問題控制不住自己，動輒對別人破口大罵，甚至大打出手，由有理者變成了無理者。因此，我們要表達憤慨情緒的時候，要冷靜，變得有章法一些，這樣可以避免很多麻煩。一個人要想做自己真正的主人，把握住趨勢，就要懂得克制自己，小不忍則亂大謀，避免自己在情緒的牽引下盲目地犯下錯誤。

在為人處事時，不可能事事都合我們的心意。同樣，有時候，我們也會引起他人的誤解，甚至嘲笑或輕蔑。這時，如果我們不注意控制自己的脾氣，就會給自己帶來麻煩，甚至影響到自己的生活。因此，當遇到不順心的事情時，就要學會控制好自己的脾氣。

1965年9月7日，路易斯．福克斯參加了在美國紐約舉行的世界撞球冠軍爭奪賽，而且，他的得分遙遙領先，再需幾分就可穩奪冠了。這時，一隻蒼蠅飛到了主球上，一下子被他揮趕飛了。當他擊球的時候，蒼蠅又飛到主球上了，在觀眾的一片歡笑聲中，又被他趕跑了。令他生氣的是，蒼蠅好像跟他作對的樣子，第三次飛到了主球上。惹得忍耐到極限的他情緒大變，也惹得觀眾哈哈大笑。失去理智的他憤怒地用球杆打蒼蠅，球杆碰到了主球，被判犯規，而失去一輪機會。

接下來，他方寸大亂，而他的對手約翰．迪瑞則愈戰愈勇，得分終於趕上並超過了他而奪走了桂冠。第二天早晨，他投河自殺了。一隻小小的蒼蠅改變了世界冠軍的命運，並奪走了他的生命。

所以，控制好自己的脾氣是多麼重要的事情，它可能給自己帶來損失，甚至是可怕的後果。無論是在工作還是生活中，情緒時時刻刻都在伴隨著我們，我們雖然無法做到心如止水，但卻可理性地控制自己的情緒。一個真正的英雄要時常在心裡提醒自己「不要為這些小事計較，更沒必要為這些事而生氣」，以提醒自己不要被瑣事所煩，不被自己的情緒所累。

在生活中，人們對做事衝動、莽撞和動輒就火冒三丈的人是沒有好感的，認為他們做事魯莽、有失體統，成事不足，敗事有餘。所以，我們講究內涵和含蓄，做事不隨心所欲。在這個注重人際溝通的今天，控制自己的脾氣顯得非常重要。

可是很多人在這方面做得卻不怎麼樣，他們遇到問題總是當面不說、背後亂講，甚至在背後指指點點。這樣的人常常擾亂人心，最容易犯領導的大忌，容易遭到清除。在生活或工作中，我們有意見是正常的，但要控制自己，尋求正常解決管道，千萬不要衝動，以防做出不利自己或工作的事情。懂得克制自己的人是理性的人，冷靜從容，不急不躁，有十足的信心控制局勢，有次序地前進，有始有終。只有控制住了自己脾氣的人，才能與殘酷的現實鬥智鬥勇，最終贏得光明的未來。

在工作和生活中，總有一些事情會影響到情緒，如果意氣用事，就會讓自己前功盡棄。所以，這時要有足夠的耐心，極力地忍耐。當「頭腦發熱」的時候，不妨先給自己澆上一盆涼水冷靜冷靜再說，否則，你可能發洩了一通，氣是消了，但更大的新隱患出來了，使自己被動起來。

所以，當處於不好情緒中時，不要輕易表達你的憤怒，否則，不明就裡的人不會買你的帳，也會以同樣的態度回敬你，而讓你的心情更糟。所以，要學會在關鍵時刻控制自己，讓一切惡果消失在萌芽之中，這會帶給自己更多的快樂。在人生中，很多人會被自己的情緒所左右，煩惱、憂鬱、失落甚至痛苦，甚至頻頻抱怨生活對自己的不公平。

其實，喜怒哀樂是人之常情，生活中沒有一點煩心之事是不可能的，關鍵在於如何有效地調整和控制好情緒。要控制自己的脾氣，讓自己不至於火冒三丈，關鍵的是要想辦法把那些負面情緒轉化為正面情緒。對於一個修練到家的理性人來說，他們都有很強的自控力，即使他們面對自己最敏感的問題，臉上也看不到憤怒的表情，不顯山，不露水。

因為他們知道「衝動」會給自己帶來什麼樣的後果。人們每天都在經受著來自生活各方面的刺激，有的人稍微一遇到點刺激就火冒三丈，如果想要變得理性起來，似乎比登天還難。其實，調整並控制情緒並沒有你想像的那麼難，只要掌握一些正確的方法，保持自己的理性，就可以很好地駕馭自己。

總之，一個人如果能夠保持足夠的理性，控制住自己的脾氣，他的努力便永遠指向成功的方向，不管成功的路多麼崎嶇漫長，只要他繼續前進，總能成功。那麼，我們如何保持自己的理性呢？

第一，要認清自己。認清自己的性格，認清自己對什麼比較敏感，什麼會使自己失控。

第二，先在臉上堆滿笑容。情緒不對時，不妨先在臉上堆滿笑容，這是改變情緒最好的方法。如果你習慣了冷漠、膽怯和沮喪，那麼它們便會不時地以這些負面的牽動方式控制我們的情緒。這時，你可以每天對著鏡子擺出你的笑容，不妨每天做上幾次，這樣可以促使你養成快樂的情緒，避免脾氣惹禍。

第三，不要壓抑自己，要學會控制自己。控制自己不是壓抑自己，而是用積極正面的溝通解決問題。人其實都有良好的出發點，都想和和美美地過日子，都想自己順順利利，這使理性的溝通更具有感染性。因為多一事不如少一事，沒有一個人會不識趣地對別人沒完沒了地計較，甚至會對別人讓一大步。

第四，做一下深呼吸。深呼吸是最快、最直接的情緒調節方法。當處於心神不寧、心浮氣躁、心急如焚和心神不安等心情紊亂狀態時，深呼吸可以調氣調息，把氣調順，使人「氣定神閒」和「心安理得」，能克制住自己的負面情緒，回歸理性思考，從而使自己不會釀成大錯。

第五，找到自己的親朋好友傾訴。西方古諺說：「與人分享快樂，快樂加倍，與人分擔痛苦，痛苦減半。」一些國外的研究表明，一起交談的兩個人通常會有同樣的喜怒哀樂，甚至體溫和心跳次數也都一樣。所以，如果讓別人「分享」自己的喜怒哀樂，就可以稀釋和淨化自己的怒氣，不至於苦悶憋在心底，以起到控制自己的作用。

第六，學會情緒轉移。如果你心情難過時，不妨暫時避開不良刺激，把自己的注意力投入到另一項活動中去，以減輕不良情緒對自己的衝擊。比如，外出旅遊，發展自己的興趣。

需要注意的是，情緒的轉移要主動及時，而不要讓自己在消極情緒中沉溺太久，應立刻行動起來，你會發現自己完全可以控制住自己。

學會轉換角度看問題

事物都有兩面性，甚至多面性，從不同的角度看，就會欣賞到不一樣的風景。如果你在生活中為某事而一籌莫展，不妨用樂觀的心態面對，學會轉換自己的思維，往往會有意想不到的發現。

一位老太太有兩個兒子，大兒子賣傘，二兒子曬鹽。老太太差不多天天為兩個兒子憂心忡忡。每逢晴天，老太太念叨：這大晴的天，傘可不好賣喲！每逢陰天，老太太嘀咕：這陰天下雨的，鹽怎麼曬？只因為這件事，老太太竟憂慮成疾，兩個兒子不知如何是好。

有一天，一位智者面對憂慮的老太太說：「晴天好曬鹽，您應該為小兒子高興；陰天好賣傘，您應該為大兒子高興。」老太太轉念一想，事情還真像智者說的那樣。於是，老太太憂慮全消，慢慢變得心寬體健起來。

生活其實很簡單，但很多時候人總會想入非非，將自己折磨得夠嗆。當你處於某一不良境況的時候，如果從自己固有的角度看問題，可能引起我們某種消極的情緒，導致自己悶悶不樂，甚至陷入心理困境之中。如果學會從事物的其他角度看問題，常常會發現某種積極因素，它能夠使消極情緒轉化為積極情緒。

所以，當我們感到困窘或無助的時候，不妨從多種角度觀察生活。「橫看成嶺側成峰，遠近高低各不同」。事情中常常是我中有你，你中有我，我們只是在扮演著不同的角色而已。

即使在不幸的時候，也不要把事情想像得非常糟糕，凡事只要換個視角，總會看到另一番不同的景象。

有的人就好像犯了紅眼病，總以為別人是如何優秀，總以為別人是如何幸福，而認為自己是那麼卑微。其實，每個人都有自己的優勢，但很多人往往視而不見，任憑自己的主觀去猜測別人。他們不會從不同的角度看問題，不會轉換視角，從而陷入痛苦不堪的心境不可自拔。

在人際關係上，有的人常常非常苛刻地要求別人，無端地懷疑別人。他們懷疑朋友對自己不夠好，懷疑朋友變心。拜訪客人時，有人認為主人總是對自己敷衍，對自己抱有某種成見，於是檢討自己。而且，他們愈發敏感，越想越不開心。其實這些不快都是由自己造成的。如果此時在我們的面前放一面鏡子，就會吃驚地發現：我們的臉色有多難看，扭曲了的臉形，近乎僵硬的表情……

誰也不會喜歡這種表情，包括自己，但事實是，自己的擔憂使自己變成了這樣。憤怒的語氣和僵硬的表情很容易傳染給別人，很容易把別人的笑容和愉快趕跑，很容易把別人對我們的親切和溫暖凍結。因為我們先向別人注射了令人不愉快的情緒，這種情緒又影響到了自己。這真的應驗了一句話：若想要自己快樂，先使別人快樂。

以前，瑟爾瑪·湯普森的丈夫所在的部隊駐紮在加州的陸軍基地。為了能和丈夫經常相聚，瑟爾瑪女士搬到了陸軍基地附近居住。那裡是一個令人厭惡的地方，瑟爾瑪此前再也沒有見過這麼惡劣的地方。當丈夫外出演習時，她一個人待在一間小房子裡，即使在仙人掌的樹蔭下，溫度也能達到華氏 125 度，而且身邊沒有一個可以和她談話的人，風沙很大，所有吃的東西都摻入一種沙子的味道。

瑟爾瑪女士感覺自己倒楣和可憐至極，於是，忍無可忍地給父母寫信，說她要回家，要離開那個讓她憤怒的鬼地方。不久，她的父親回信了，她撕開信封一看，信頁上只有一句話：「有兩個人從鐵窗朝外望去，一個人看到的是滿地的泥濘，另一個人看到的卻是滿天的繁星。」就是這一句簡簡單單的話，改變了瑟爾瑪女士的一生。

她把這句話不知反覆念了多少遍，之後，她為自己的逃避深感慚愧，她開始想去找目前境況的閃光點，找尋屬於自己的一片星空。她試著和當地的居民交朋友，這些樸實的居民對她的影響很大，他們把自己喜歡的紡織和陶藝作為禮物送給她，還把一些不捨得賣給遊客的心愛之物送給她。讓她得以觀賞各種各樣的仙人掌和當地植物，還有一些小動物，像土撥鼠之類，還觀賞沙漠美麗的黃昏景色，去尋找 300 萬年前的貝殼化石，因為在很久以前這裡曾是海底……

是什麼帶來了這些驚人的改變呢？沙漠這個地方惡劣的環境依舊，並沒有發生改變，改變的只是她自己對生活的態度。正是這種改變使她有了一段精彩的人生經歷，她所發現的新天地令她感到既刺激又興奮。為此，她著手寫了一本小說——《我逃出了自築的牢獄，找到了美麗的星辰》。

人生的旅途不可能一馬平川，總會有崎嶇坎坷，人會不可避免地走上坎坷之路。這時，你要想取得突破，就必須有一定的魄力，學會換個角度看問題，積極地改變自己的生存狀態。這樣的改變可能會讓你付出一片辛勞，但你重返坦途時，卻能收穫汗水的甘甜。一個人的身體可能被控制，但思想應掌握在自己的手中，沒有你的同意，別人無法讓它屈服。

總之，當遇到無法跨越的障礙時，要學會換個角度看問題，積極轉換自己的生存狀態，獲得另外一種形式的重生。

學會享受生活

生活對於愚者是一種苦難，給其帶來無邊的痛苦；對於智者來說，生活則是一種享受，給其帶來無窮無盡的幸福和快樂。在樂觀者看來，生活中的每一個細節，每一件小事，都可以帶來無窮的快樂。生活以不同的方式，賦予每一個人，在那些明智的人看來，無所謂公平，無所謂偏袒。

如果你生在一個富裕的家庭，那是上天對你的考驗，考驗你哪一天萬一返貧了，是否還經得起困境的折磨；如果你生在一個貧困的家庭裡，那是上天對你的歷練，好讓你有一種「天將降大任於斯人也……」的考驗。在智者看來，生活不是對誰進行額外的照顧或故意刁難，只有你懂得享受生活，無論怎樣的生活環境也不能使你生活得沮喪。有時，我們承受了太多的生活壓力，其實，那都不是主要的原因，最重要的還是我們的心態在作怪。因為我們有權決定自己的生活，何必給自己增加一些不必要的壓力呢？我們不如享受在世的每一天、每一小時、每一分，甚至是每一秒。

現在，高度的物質文明可以給我們帶來很多快樂，比如，我們可以用攝像機記錄下美好的生活片斷，用電腦來為自己娛樂……同樣，高度的精神文明也可以給我們帶來快樂，比如，藝術、詩歌或哲學等可以給我們帶來愉悅的精神享受。我們活在這個世上，總會遇到一些煩心的事情，甚至是痛苦的事情，比如有的人寂寞難耐，有的人禍不單行，有的人猶豫彷徨，有的人渾渾噩噩……這些人沒有一個過得輕鬆快樂的，更別說是享受生活了。

或許確實是由於命運的不公，才使他們痛苦不堪，可能追根究底，這些都是由自己的心理因素造成的。我們要學會用心去享受生活，而不是必須有了花不完的錢再去享受。看看下面民工們的生活。每天下午下班去幼稚園接兒子時，總能看到一些租住著民房的外地人。他們的子女沒有父母陪伴，而在一旁的地上專心致志地玩著。雖然孩子的小臉蛋是一副掛滿鼻涕髒兮兮的模樣，但它卻透露著高高興興的可愛，讓人感覺既憐憫又羨慕。他們的母親們，有的在路邊悠閒地擇菜做飯，有的在數著一天的勞動成果，即一遝錢……

在他們的臉上看不到生活的無奈，也看不到生活的壓力和疲憊。他們活出了灑脫，活出了境界，遠比那些有車有房的人過得自在。生活得幸福不幸福，快樂不快樂，不是擁有萬貫的家財，也不是靠別人的救濟和施捨，而是靠我們自己去尋找：好像春天來了，我們看著大片大片的綠葉時，會由衷地感受到萬物的生機盎然；看見天上自由飛過的鳥兒，我們會從鳥兒那裡看到它的無拘無束、自由鳴叫的快樂……雖然我們無法改變時空，但可以做我們感興趣的事情，可以唱我們所喜歡的歌曲……這樣就會發現一些美好而有趣的東西，從而感到無比的快樂。

泰戈爾說得好：「我們錯看了世界，卻反過來說世界欺騙了我們。」生活這座富礦琳琅滿目，它可以給你很多美好而寶貴的東西，頗具誘惑力，但也可能給你許多你不想要的東西，而且險象環生，頗具挑戰性。人生的真諦恰恰在於穿過荊棘去尋找花朵，在於搬石挖土而開掘寶藏。我們要做那個勤奮的開礦人，如果人生是淘金，我們就做一個淘金人。學會享受生活，做我們所做的事情，快快樂樂地度過屬於我們的每一天。

第八章　盡力營造和諧的家庭
——家庭幸福是人生快樂的妙方

對非洲、歐洲、亞洲、澳洲和北美洲快樂家庭的研究已達三十年的美國家庭治療師德福連博士，發現所有快樂幸福的家庭都有一個共同點：互相關愛對方、他們互相感激與親昵、能互相進行正面的溝通等。親密的婚姻關係，他認為，帶給人的快樂非常牢固而持久，他們幸福的婚姻價值大得驚人，這也是大多數人選擇婚姻而不是單身的原因。

一個人過得快樂與否與他的家庭幸福程度密切相關。到最後，德福連博士說：家庭還是世上最重要的東西，快要死的時候，你罹患癌症，到醫院來看你的不是你的職場老闆，而是你的家人。

窮日子也舒坦

快樂和幸福一樣，源於對事物的個人感受和自身心境的體驗。我們很難左右一個人過得是否快樂，快樂、貧富和地位沒有必然的聯繫，而與一個人的人生觀和世界觀有密切的聯繫：一個一貧如洗的人如果心胸坦蕩，光明磊落，就可以成為一個快樂的人；一個腰纏萬貫的人如果狹隘自私，暴虐陰暗，就不會獲得人生真正意義上的快樂。通常，窮日子有一種讓人奮發向上的動力。

在大鍋飯時期，大家都圍在一起吃飯，走路甚至光著腳板，大家在一起打鬧，熱鬧好玩得很，日子雖然苦了些，卻也有種別樣的快樂和充實。雖然不提倡回歸原來朝不保夕的日子，卻可以說明精神對人的重要性。現在，人人都想做一個體面的富人，但與自己的理想相比，似乎窮人更多，至少四五成的人都是窮人。

過去的人們大都認為，窮日子不好過，少吃缺穿，誰也不願意去過那個窮日子。現在的物質生活相對來說，比以前大大豐富了，但現在的人似乎活得更不快樂，總有很多人存在這樣或那樣的心理問題。很多人都生活在很大的壓力之中，面對越來越多的財富，人們臉上的笑容卻沒有增加多少，反而很多人患有憂慮症，心情越來越鬱悶，越來越差。這讓他們很難處理家庭中的各種關係，繼而出現吵架，甚至離婚的現象。過度的物質慾望常常導致家庭關係緊張。

有的人認為，金錢就等於快樂和幸福，但他們由於比較窮，成天怨天尤人，嫌工資低，嫌自己的愛人沒有出息，這種糟糕的情況嚴重影響了他們的幸福感，使得他們成天砸桌子摔碗，弄得家庭氣氛緊張，毫無溫馨而言。於是，他們天天生活在憂愁和煩惱之中。知足常樂也可以過得幸福自在。有的人雖然窮，但他們接受現實，在生活中總是有說有笑，物質生活方面儘管不是那麼豐富，卻也過得自信灑脫，勤奮努力，家庭航行的大船天天向前進步著。由於他們的勤勞，日子過得充實而又愜意。

其實，窮日子有窮日子的快樂和幸福，富日子也有富日子的苦惱。我們只要把心態放正，就能把窮日子過得舒服一些。以前，很多人家都是過著缺衣少穿的窮日子，有的人家卻能夠積極快樂地擁抱生活，不抱怨，不失望，不放棄，成功地走過了一道道坎，久而久之，他們累積了豐富的經驗和財富。像他們這種殷實的生活是用自己的汗水賺來的。

我們生活在這個世界上，即使沒有多少財富，也要學著樂觀一些，這是一種生活的智慧。人如果在快樂心態引導下，勤勤懇懇，用信念作舟，終有一天會到達自己的理想目的地。從另一角度說，物質生活雖然不那麼富有，但在我們的腦中有一個精神的大花園，為了它，耕耘不輟，家庭和睦，最終會換來碩果累累的收穫。

就像很多人所說的：我們人窮，但志不窮。他們為了自己的奮鬥目標過得快快樂樂，充實而又有意義，吃得好，睡得香，最終累積了大量的威望、財富、正義等。窮人的日子，雖然房子不大，但也能住下，收入不高，剛好維持生活，雖然不能天天喝瓊漿玉液，沒有私家車……但也可以給自己做一份可口的飯菜，以自己的好心情，舒坦地度過每一天。

所以，幸福和快樂不會專門眷顧富人，它沒有一個固定的模式，即使是貧窮的人照樣可以享受舒坦的日子。

俗話說，三十年河西，三十年河東。窮人並不是說一輩子都過窮日子，窮人對財富的渴求和對生活的熱愛正是生活所需要的色彩，因為社會有了他們的存在和渲染，會更加真實而有意義，很多的富人不都是這樣從窮日子中走過來了嗎？

學會避開矛盾

人們都說：愛有多深，恨有多深；情有多厚，傷有多重。親友之間，因為「情」字的存在，才有了不高興和顧忌的事情，才會在意對方的一舉一動，他們的行為往往決定著我們的喜怒哀樂。因此，越是親密的人，越要注意把握分寸，學會避開矛盾，一時的過錯，可能造成不可挽回的後果。

蘇格拉底的妻子是一個潑辣的女人，她既強悍又心理狹隘，性格簡直是冥頑不化。她對大哲學家蘇格拉底動輒就破口大罵，甚至付諸暴力，常讓這位著名的哲學家尷尬不已。很多人認為，蘇格拉底娶了這樣一位粗暴的妻子，是對他的哲學的一種嘲弄。

因此，蘇格拉底身邊的人都忍不住問他：「你為什麼要娶這個女人？」蘇格拉底回答道：「擅長馬術的人總要挑烈馬騎，騎慣了烈馬，駕馭其他的馬就不在話下了。如果我能忍受得了這樣的女人的話，恐怕天下就再也沒有難於相處的人了。」

這話確實包含了深刻的人生學問和智慧：即使是一個很壞的人，他也能成就我們的修養。每當粗暴的妻子脾氣大作、惡語相加時，蘇格拉底總能避開矛盾，默默忍受，雖然形式上遭受了妻子的辱罵，但蘇格拉底學會了在妻子的喋喋不休中淨化自己的精神。

有次，當蘇格拉底正和學生們對一個學術問題交流得正酣的時候，妻子怒氣衝衝地從外面衝進來，把蘇格拉底罵了個狗血噴頭，接著又提來一桶水，猛地潑到他的身上，把他淋了個落湯雞。在場的學生都忍俊不禁，都以為蘇格拉底會把妻子怒斥一頓。但蘇格拉底望著濕淋淋的衣服，說：「我知道，閃電過後，必有一場大雨。」

此舉又讓在場的學生們哄堂大笑。蘇格拉底辯論他的哲學時，常常赤著腳、穿著破舊的披風，游走於小販、醉漢和藝妓之間。對於蘇格拉底的妻子來說，生活是多麼的不公平，她賣橄欖換來的可憐的錢用完了，麵粉吃光了，油也沒有了。她委屈地啜泣著：「連奴隸都不如的日子，吃得再壞沒有了。」而且，她常被嚴厲的父親訓斥：「他什麼也不做，一個隻會耍嘴皮子，甚至連一雙鞋也沒有的叫花子，你跟他生活，就是為了餓肚子嗎？」

照這樣看來，他們之間的愛情一定不會幸福快樂吧？可是他們對自己的愛情是怎麼看待的呢？在蘇格拉底被處決前，他的妻子隨著獄吏來到蘇格拉底的床前，高喊著：「他永遠是我的！」腰板挺直、打扮端莊的她不失美麗和體面，整個面孔都帶著一種莊重的氣質，她知道這是他所喜歡的。她說：「過不了多久我會伴你而去的。」就像蘇格拉底那樣神聖地對著太陽說：「我的丈夫是一個偉大而智慧的人。」

在蘇格拉底眼中，妻子是一匹可愛又執拗的小馬，勇敢大膽、桀驁不馴，他愛她的一切。臨刑前，他對兒子說：「對媽媽要和氣。」他把妻子披散下來的一小縷頭髮放回原處：「你知道我們是彼此相愛的。當你對我嘮叨時，我心裡就好受些。你也知道，我甚至樂意聽你嘮叨……等著吧，我們會在極樂世界見面的，在那裡我將報答你的一切。」蘇格拉底和妻子是在生活中磨擦不斷又不失恩愛的一對：蘇格拉底總以他的睿智寬容著他的妻子，他總是避開矛盾，同樣缺吃少穿的妻子總在發洩和嘮叨，其實她也深愛著她的丈夫。所以，他們的生活不僅僅充滿粗暴和謾罵，而且還充滿著幸福和快樂。

家庭成員之間最重要的是理解和寬容。如果雙方之中有一方寬容大度一些，就不會有紛爭；如果都想讓對方來服從自己的意志就不會有好日子過了，大打出手、殺母弒父、離婚等情況都有可能發生。其實，家庭成員之間有很多陳穀子爛芝麻的事情，這並沒有什麼大不了的，關鍵是我們如何去對待。如果雙方本著理解的態度，兩個人的生活就不會起大的波瀾。

隨著社會節奏的加快，人們的壓力不斷加大，不只在家庭中出現這樣或那樣的問題，而且工作中出現的矛盾甚至會更多。被壓力和浮躁充斥的我們只要理智地處事，不對對方的一言一行斤斤計較，就會化干戈為玉帛。「身體來自父母」、「可憐天下父母心」，哪一個父母不是對自己的子女傾注了大量的心血？哪一個父母不是望子成龍、望女成鳳？父母對我們的愛情深似海，作為我們還會為了一點小事而惹父母不快嗎？即使是父母做錯了，只要我們從理解的角度出發，瞭解父母的苦心，我們的生活還會有矛盾嗎？「虎毒不食子」，「讓子女生活得幸福是做父母的義不容辭的責任」……這些都是家庭和諧的重要的客觀因素。

所以，在生活中，我們要學會避免矛盾，各家庭成員之間應多商議和溝通；要學會換位思考，以及時地化解矛盾。具體方法如下。

(1)對一些家庭矛盾，可以暫時迴避，等雙方的「火」消了，再逐步化解。

(2)學會尊重對方，自己不能粗暴地侵犯對方的權利，家庭也要講究民主。

(3)家庭矛盾僵持時，首先要改變自己，並轉換自己的態度。

(4)對家庭矛盾要有深刻的認識，只要家庭存在，矛盾就不會消失，關鍵是如何化解。

(5)自己要勇於對家庭負責，對家庭成員和藹，控制自己的衝動。

(6)家庭矛盾最好由家庭成員間內部解決，必要時，可以找來親友幫忙化解。

(7)世上沒有完美的人，要學會容忍對方的一些缺點，學會用深沉的愛去解決矛盾。

(8)即使作為「一家之主」，也不要獨斷專行，對家庭成員的事粗暴干涉，應多一些商量。

(9)解決矛盾時，不要盯著對方的缺陷不放，應多想想對方為家庭帶來的快樂和貢獻。

家和萬事興

生活在一個溫馨的家庭裡，可以使我們得到很大的快樂，這種快樂又可以幫助我們戰勝一半的外界的各種紛擾。否則，如果一個人的「後院」失了火，「前院」也往往難以顧及，這正應了那句富有哲理的話「家和萬事興」。

很久以前，有對兄弟，哥哥已經結婚，並有了兒女，弟弟還是獨身。兩兄弟都是非常勤勞的農夫。父親死時，把財產分給了兩兄弟。兄弟倆辛勤勞作，並將收穫的糧食公平地分成兩份，各自藏在自己的倉庫裡。到了晚上，弟弟想，哥哥有妻子兒女，開銷大，所以從自己的部分中拿出了一部分移到哥哥的倉庫裡。哥哥卻認為自己有妻子兒女，沒有後顧之憂，而弟弟還是獨身，應該為以後的生活多做準備，於是就把自己的一部分糧食趁著天黑搬到了弟弟的倉庫裡。第二天早上，兄弟倆醒來後到倉庫裡一看，東西都一點不少地放在那裡。

第二天晚上、第三天晚上都這樣，他倆不約而同地連續搬運了三個晚上。在第四個晚上，兄弟倆在將各自的東西搬到對方倉庫去的路上相遇了。兩個人終於知道對方的心意，不約而同地扔下手中的糧食，緊緊地抱在一起哭了。他們的事蹟感動了一個老員外，員外就讓弟弟當了自己的管家，過了幾年，弟弟娶妻生子，兄弟倆都過上了人人羨慕的富足生活。

俗話說：眾人一心，其利斷金。同樣，對於一個家庭來說也是這樣，只有家庭和睦，才能產生積極向上的力量，獲得家庭的興旺發達。完整而和睦的家庭需要各個成員的努力經營，需要每一個成員的努力奉獻。對每個人來說，和睦的家是我們打拼一天後的溫馨港灣，讓我們得到休息後，迎來第二天的重新挑戰的激情。一個互諒互解、處處融洽、充滿溫馨的和諧家庭，就是一個充滿尊重、愛、幸福、責任的社會細胞。生活在這樣的家庭裡，會感到愉快而幸福，會有更多的激情來創造我們幸福快樂的生活。

家庭關係的好壞對每個人的影響很大，直接關係到事業的成敗，孩子性格的形成。隨著社會和經濟的發展，生於不同年代的人對同一種事物有不同的看法。在家庭中，家庭成員之間對同一個事件，會有自己不同的看法，老年人有老年人的看法，中年人有中年人的看法，孩子有孩子的看法，這也叫「代溝」。

作為家長的你，如果強制執行自己的決定，而不考慮老人和孩子的看法，勢必會造成某種不愉快的發生，比如，爭吵，甚至家庭暴力，這直接影響到每個家庭成員的幸福感。所以，處理好各個家庭成員之間的關係非常重要，我們不能實行家長制的專制和作風，現在已經不同於那個夫權、神權的封建社會。

作為戶長，要尊重每一個家庭成員的意見，用充滿愛的眼光，用尊重的心，以高度的信任，對每個家庭成員的想法給予諒解和寬容。說服家庭成員時，要態度溫和，循循善誘，而不是獨斷專行，暴力相加。

家是每一個家庭成員的共同的家，它需要全體成員懷著積極而健康的心態來擁抱生活。家離不開柴米油鹽等一些芝麻大的小事情，這些小事情是既現實又瑣碎的生活細節，是我們每天必須面對的內容。有的人對家庭繁雜事情感到乏味，感覺過於平淡，感覺缺少點什麼。

其實，只要我們留心，有時只需一點小方法就可以使自己的家庭處於溫馨的氛圍中，比如，在結婚紀念日買一束鮮花送給愛人，子女取得成績給予其欣賞和適當的物質獎勵，一定會激發他（她）的積極性。父母的生日在一起聚餐，讓老人愉快地享受天倫，不也是一種快樂幸福嗎？有許多人做得很好，他們面對家庭瑣碎的事情，勞逸結合，熱心幫助，其樂融融。

所以，你不要厭倦家庭，別說你沒有時間和家人相處，別說你很低調，維持家庭的溫馨其實是舉手之勞。我們這個社會是非常看重家庭的，比如，人們擇偶，先看對方的家庭狀況，一個經常狼煙似火的家庭必是人們所忌諱的。家和萬事興。只有「家和」才是獲得幸福和快樂的基礎。有一個和諧的家庭必讓別人尊重而羨慕，和諧的家庭成員在做事上更容易取得成功，它給人以無窮的力量。

別把煩惱帶回家

情緒具有傳導性，好情緒的傳導性是有積極意義的，而壞情緒卻截然相反。當你高興時，家裡人也會感到開心；同時，當你煩惱時，家裡人也會感到不開心。所以，我們要一直保持良好的情緒，儘量杜絕壞情緒，不要將外面的紛爭帶到家中來。

有這樣一個家庭，在他家的門上，醒目地掛著一個方木塊，上面寫著這樣的字：「進門前請丟掉煩惱；回家時，還快樂回來。」寥寥數語，卻蘊含深刻的道理。剛下班回來的男女主人笑容可掬，放學後的孩子也彬彬有禮，好像有一種久違的溫馨、一種家的和諧、一種暖意融融的感覺。

有鄰居問起那塊小木塊時，女主人幸福地笑著說：「這可是我們共同的創造。其實也沒有什麼，主要是提醒自己，作為主人，應當把這個家庭管理得更好。有次，當我在鏡子裡看到一個充滿疲憊、晦澀、無光的臉，還有一雙失神的眼睛，這個形象把我自己嚇了一大跳。於是就想，當自己的丈夫和孩子看到我這副模樣的時候，會有什麼感想？如果我面對這樣的面孔時，又會有什麼反應？然後，我又想到孩子為什麼常在吃飯時沉默不語，丈夫也一副冷淡的表情……

在這些事實的背後，隱藏的真正原因都是由我造成的。我感到非常可怕，因為是自己的錯誤導致的。「當天，我就和丈夫進行了一次長談，第二天就寫了那個木牌並掛到了門上，來時時提醒自己，結果是不僅提醒了自己，家人也受到了感染，每天其樂融融。」

故事中的女主人是一個有智慧的女人。人生怎麼會沒有矛盾？其實，人也不要為此煩惱，可以使自己忙起來，從而無暇顧及這些煩惱，還可以找親朋傾訴，或者多從別的方面考慮，進而把煩惱化解在無聲無息中。總之，從外面回來進家門時，應儘量給家人一個舒心的笑容，讓家人盡享溫暖快樂。

當然，別把煩惱帶回家，並不是說刻意來隱瞞我們的難處，而是要讓孩子知道，有困難時，應以一種積極樂觀的姿態去面對，呈現給孩子一個勇敢面對、積極解決的良好態度和美好印象。這樣，以後當孩子遇到困難時也會有足夠的勇氣去克服。家是溫暖的港灣，不要因為我們不高興的情緒，而影響了整個家庭的氣氛，而且我們自己為什麼不像前面說的：為什麼我們非得選擇煩惱呢？

所以，我們要選擇快樂，把所有的煩惱不快棄之腦後，給家人一個笑臉，給朋友一個笑臉，甚至給陌生人一個笑臉。因為笑容能遮蓋一切的傷痛，以一種積極的態度來化解一切不利情況。當我們在外面受到了不公正的禮遇時，不必化成怨氣而發洩到家人身上，我們何必在意別人的評價？只要活出了一個真實的自己，實在沒有必要在意別人的眼光，更不必讓家人背上無辜的包袱，流下傷心的淚水。進家門時，我們應當把所有的愛和快樂無私地奉獻給家人，這樣，我們的家庭才能永保溫馨。

因此，在我們臨進門前，先過濾一下自己的情緒，讓一切的憂愁情緒都化作一陣風飛逝而去，留給家人一個動人的笑容，也讓家人多一份歡心和快樂。當你出完差而人困馬乏回到家的時候，當你忙了一天工作拖著疲憊身軀回家的時候，要注意提醒自己，給自己一個好的心態，別讓家人看到你滿載負荷時的唉聲嘆氣，讓家人迎接一個春風般的燦爛笑容。

家是溫暖的港灣，愛的寄泊地，一個充滿溫暖、和睦氣氛的家庭會使每個家庭成員生活在一種精神快樂的狀態之中。反之，看這不順眼，看那也不順眼，動輒就對家人打罵的行為，對每一個家人的心理上的影響都是陰暗的。

世間沒有完美的人生，什麼事情也都不是那麼完美。但什麼事情都是可以解決的。遇事多看開一些，多開心一些，學會呵護家人，不把煩惱帶回家，讓家人享受實實在在的溫馨快樂。

清除心靈的雜草——誤會

一般說來，被別人誤解，人們不會太在意，但如果被家人誤解，就會感覺委屈、傷心、焦躁和憤懣……這種負面情緒就好像炮彈一般，殺傷力往往很大，不但使家完全失去了往日濃濃的祥和氣氛，而且還存有「安全隱患」，隨時將有「爆炸」的可能，讓人提心吊膽。

遭受家人誤解是一件令人傷心的事情，縱然你有八張嘴，也不容易說得清楚。有的家庭成員一味地為自己辯解，總認為自己正確無誤，結果是越辯越黑；但是，有的家庭成員遇到此類問題由於心裡懷有委屈而不願意開口作任何解釋，這阻礙了交流，成了眾矢之的，使家庭之間的誤會更深。

總之，辯不行，不辯也不行，唉聲嘆氣，大聲喊冤都無濟於事，甚至被家人所不屑。當所有家庭成員的矛頭都指向一個家庭成員的時候，產生的殺傷力是十分驚人的，彼此之間不再說話，不再信任，相互慪氣，相互冷落……因為，當陷入家人誤會的沼澤時，被誤解者和家人都會遭受隨之而來的苦痛、尷尬和煩惱：家人自然是怒氣衝衝，或充滿怨恨；被誤會的一方滿腹狐疑，委屈壓抑，雙方隔閡越陷越深，而且一談即崩，大有新的誤會接踵而來之勢。

如何對待家人之間的誤會？這時，對被誤解者來說，最重要的是讓自己先平靜下來，對自己進行內查外調，搞清楚對方的誤解源於何處，有則改之，無則加勉。否則任憑你費多少口舌，也不會解釋清楚，而且常常弄巧成拙。如果自己是清白的，誤會又不能一時澄清，怎麼辦？你「只要沒有做虧心事，就不怕鬼敲門」，因為事情總有水落石出的那一天；對家人來說，不妨從對方的角度多考慮考慮，盡可能保持諒解對方的態度。如何消除誤會？

首先要預防誤會。由於所處的年代、經歷、學識、價值觀、氣質、心境等因素的不同，家庭成員對同一事物的看法常常不一致，難免有主觀臆測的傾向。因此，被誤解者應在衣食住行中規規矩矩，儘量不給家人以遐想的理由，不給家人以口實。如我們一般不單獨和異性同事一塊出去吃飯和旅遊；做事的時候，盡可能地大方一點、想得周到一點，這樣也會避免很多誤會的產生。

其實，只要我們不走極端，及時調整自己，採取積極有效的方式予以排除，就能使自己儘快地輕鬆高興起來。重要的是，作為其他的家庭成員在沒有瞭解真相之前，不妨大度些，試著讓被誤會的家庭成員說出問題的真相，查清問題的來龍去脈，誤會便會慢慢消除。有時，誤會並不是三言兩語所能解釋清楚的，而行動卻是最好的證明，解釋不清，乾脆就不解釋，不如用實際的行動去證明它。

例如，當你的妻子誤會你同某一位異性有曖昧關係，你有口難辯時，你只要和你的愛人朝夕相伴、親密無間，久而久之，謠言也會在你的行動中不攻自破，誤解也就沒有了。清除心中的雜草，化解家人的疙瘩，最好選擇最佳時機，一定要考慮到對方的心情等情感因素。

你可以選擇漲工資、升遷和結婚紀念日等喜慶的日子，此時對方心情愉快，心情放鬆而自在，心胸也寬廣一些。抓住這種時機來表明你的「清潔」，你常常會得到對方的諒解。值得注意的是，在時間上不要拖得過長，否則你會陷入被動之中。對做丈夫的來說，遭受妻子誤會時，妻子常會以淚洗面，往往還會把怨氣撒在孩子身上，或打或罵，也會成心冷落自己。作為丈夫，除了辯解之外，還應大肚能容，要盡可能地大度一些，不妨多開導她、勸勸她甚至逗逗她，並杜絕一切誤會的蛛絲馬跡，讓時間和行動去證明。

久而久之，或許她還會為自己的小心眼深感不安呢？對於做妻子的來說，如果丈夫對自己產生了誤會，可在對方心平氣和時，當面向他說清，也可以寫一封真摯而誠懇的信以消除誤會。如果誤會不能消除，更有效果的是雙方請他人出面，幫忙澄清事情的原委，以達到消除誤會的目的。如果和父母產生誤會，除了關心解釋外，還可以表現得乖一點，多做一些讓他們開心的事情。大度的父母肯定會原諒自己的子女的。

誤會，只是暫時的假像，它畢竟經受不住時間的考驗，不管你是誤會還是被誤會，都應從大局出發，行事大方，做事想得周到一些，這樣，你就可以避免和走出很多誤會。

不要試圖去改變對方

每個人都有不同的性格、愛好和經歷，你不能以自己的尺度去要求你的家人，否則，試圖改變對方的人會活得很痛苦。對於家人，要順應對方的性格，因勢利導，使其慢慢改正，因為對方如果是穀子，收穫的就是穀子；如果是玉米，收穫的就是玉米。

古時候，有個國王問他身邊的武士：「女人最需要的東西是什麼？」

武士想了想說：「金錢。」

國王搖了搖頭。武士又說：「美貌。」

國王仍舊搖頭。武士又深思了一下說：「是權力。」他的話仍被國王否定了。

後來，國王允許武士周遊列國找尋答案。在路上武士遇到了一個醜陋的巫婆，他把自己的問題對巫婆講了。巫婆說，告訴他答案也可以，但必須得答應娶她為妻。武士答應了她，在舉行婚禮的那天，巫婆說：「女人最需要的是把握自己的命運。」

在當晚的洞房花燭夜，武士發現醜陋的巫婆變成了一個美麗的少女，少女對武士說道：「如果我白天是漂亮的女人，晚上就會變成醜陋的巫婆；如果我白天是醜陋的巫婆，晚上就會變成美麗的少女。你選哪一種呢？」

是啊！是選擇前者還是選擇後者呢？具有強烈虛榮心的人會十分在意別人對他的評價，也會在意自己的一舉一動對別人產生的影響，有的甚至忍受自己的噩夢而寧願把自己的老婆當成一種裝飾品來炫耀自己；追求自我的人會格外注重自己的主觀感受，寧可要晚上的天仙也不要別人的品頭論足。你又是哪一種人呢？

最後，她的丈夫聰明地答道：「你認為女人最需要的是掌握自己的命運，那就由你決定吧！」於是，武士的妻子白天是一個美麗賢淑的女人，晚上則是一個浪漫曼妙的少女。」

這個寓言是說，你不要試圖改變你的愛人，讓她們掌握自己的命運，結果將會帶給自己或他人無比的幸福和快樂。戀愛中的人不要試圖改變戀人，不必要求他或她在你生日的時候，必須送上一份蛋糕，也不要在吵架的時候，必須讓對方先對自己示弱，也不要要求對方做出一些有違自己心意的事情來，最重要的是，只要心中不變的是那濃濃的愛意就足夠了。

每個人都有自己的個性和特點，你就是你，你的愛人就是你的愛人，你們都是獨立的個體，都要保持自己的本色才好，因為，被「雕刻」的你不是為了愛人看的，而是為了自己而活。所以，這就要求雙方互相尊重對方的性格，不霸道，不強制。對於性格剛烈的戀人來說，剛烈而不易馴服。如果自己實在不能忍受的話，就改變自己，為了愛，為了家，總得有人寬容一些，總得有人讓步才會成全一個完整的家。

或許男人身上的缺點不少，或許女人身上的缺點也不少，完美的人根本不會存在的。那我們還有必要抱住戀人的缺點不放嗎？每個人都是不同的，高倉健是高大而帥氣的，但他不是範本，即使是，也只能是一個樣子的範本而已；中國的四大美人也不是範本，即使是，也只能是美麗的外表而已，而決定我們過得幸福快樂與否的往往是對方的靈魂。

相信，哪個女人也不會要一個傷碎了自己心的小帥哥，同樣哪個男人也不會要一個只能作擺設的美麗花瓶，這足可見內涵的重要！我們不應把戀人標準化，四大美人也不是完美的化身，如果你想把自己的戀人調教成你心中的樣子，恐怕只會帶給你失望。

不要試圖改變對方，任他或她海闊天空、自由自在地飛翔，飛翔累了，必會回到你們共同的愛巢中。愛上了對方，就等於接納了這個人，就等於接納了這個人的所有，誰也不能保證他或她沒有一點瑕疵，但只要忠於對方，容忍對方的一切，擁有幸福快樂的愛情就足夠了，難道你還想乞求什麼？

學會理財

在這個經濟社會裡，錢財雖然不是萬能的，卻也是十分必要的，所以學會理財就非常必要。理財使我們對自己的用錢計畫更謹慎和周密，會使我們不受無錢生活的困擾。手裡的錢如果升值太慢或貶值太快，就要給它找個升值的去處。理財是一門大學問，也是一個十分重要的專業。一般來說，開源和節流並舉是家庭最重要的理財方式，讓你的錢生錢，否則，你的財富就會大幅縮水。

人人都知道這樣一些掛在嘴邊的口頭禪：金錢不是萬能的，可沒有金錢是萬萬不能的。同樣生活在一片藍天下，有的人有錢，而有的人一貧如洗，人生的落差可想而知。在我們的身邊經常會發生這樣的事情：因為你窮，你的戀人離你而去；因為你窮，你在別人面前矮了半截。造成人生尷尬的事情大多都與錢財有關。

曾看到過這樣一個新聞：說是一對年輕人，兩個人本來很恩愛，相處也融洽，但到了準備結婚的日子卻因為婚宴酒席的數量產生了分歧。兩個人為此在路上爭吵不止，女青年要求男青年多增加幾桌酒席，就是為了這幾桌酒席，錢總是湊不夠。最後，男的被女的逼急了，揚手一拋，手中的萬餘元像天女散花般落了一地。引得過路的人開始哄搶，知道了真相後，又還給了他們。兩個人在員警的勸說下，不再爭吵，量力而行，過起了實實在在的日子。

其實，年輕人結婚不是結給別人看的，重要的是結婚以後生活得幸福。不要結婚時揮金如土，婚後卻可憐巴巴地過著還帳的日子，所以還是先算好家庭的理財帳為好。錢財對於我們的生活來說，是必不可少的，它能提高人們的生活品質，可以給人們帶來安全感，沒有一個人不希望自己成為有錢人。

花錢無度、寅吃卯糧都是非常有害的，「月光族」看似活得瀟灑，其實質是一種生命自殺行為。過坐吃山空、青黃不接的日子畢竟不是好玩的，很多夫婦都是為了窮而大打出手，傷了和氣，傷了快樂，甚至傷了幸福。自己要想生活得幸福快樂，就一定要學會理財，很多富裕起來的家庭都是從理財開始的。

學會理財，一定要有自己的花錢計畫，我們不可能一月賺十元花掉十元，至少要存上幾塊錢，以供日後之急需。在財政學上有一個概念叫「量入為出」，就是說，要消費的金錢不能超過自己所掙的。居家過日子也是這樣，絕對不能透支過日子，透支的是什麼?透支的是自己的血汗，是自己的安全。做什麼都要求有計劃，理財也是這樣，要有自己的理財計畫，本節已經提到，理財是開源和節流並舉，那就先說說如何開源。

開源就是我們要學會多管道地賺錢，我們的收入無非就是工資收入、投資收入、租房收入和各種兼職收入。一般說來，工資是主要的收入來源，它的多寡標誌著我們事業成功的程度；投資收入則是理財增值收入。我們的工資是固定的，不可能大起大落；而投資收入則是不確定的，投資方案好的話，也會帶給我們可觀的額外收入。

當然，投資不能太單一，即「把所有的雞蛋都放在一個籃子裡」，這樣會失去投資其他途徑所帶來的利潤，單一的投資方式有可能會「損失慘重」，甚至「全軍覆沒」。隨著經濟的發展，我們的投資越來越多樣化了，可供我們選擇的有：保險、債券、股票和基金等。一些金融理財專家建議：可將本月收入中除去固定存款和基本生活費的30％用於投資。還可以留有一定彈性空間，以防發生其他意外花費的狀況。

在你想理財前，最好制訂一個初步的理財計畫，弄清自己的家庭財務狀況，以及自己打算要達到一個怎樣的理財目標。當然這個目標必須是合理的，還有自己能夠承擔的風險底線，確定了這些理財細則，再合理配置國債、保險、基金、房產、股票等自己熟悉的投資產品。

生活中總有一些人他們總為理財犯愁，平時不知道節省，大手大腳慣了，到了月底成了可憐兮兮的「月光族」。理財專家認為，如果自己對理財不知從哪裡做起時，可以先從記帳開始，將自己的收入和支出逐筆地記錄下來，並在月末作一次匯總。這樣，自己就對一月的收入和支出有數了，同時，再分析一下自己的支出，看看哪些項目是必須開支的，哪些是可有可無的，對於可有可無的東西在以後就不要再支出了，這樣，合理地計畫自己的支出。做到這一點可能有些麻煩，不過它卻是理財的起點，是最簡單有效的理財方式。

總之，對於普通上班族來說，只有穩健計畫自己的財產，減少和降低風險，才能達到使財產升值的目的。

第九章　逐步掌握快樂的訣竅
——快樂有方法可循

快樂也有訣竅，並不是所有的人都能做到這一點。一個愚笨的人容易受到外界的控制，使自己的情緒被牽著走，影響了自己的快樂。一個聰明而有智慧的人如果用一些技巧，就可讓自己快樂起來，因為快樂是自己發出的情緒。

快樂掌握在自己手中

快樂作為一種情緒，是我們自己發出的，所以我們有權決定自己高興或不高興。在生活中，即使遭受方方面面的壓力和不幸，只要我們牢牢控制住「快樂的閥門」，快樂就掌握在我們自己的手中。

快樂是自己內心對生活的選擇和體驗，源於自己對外界感到愜意的表露，也源於骨子裡對生活的豁達與控制。

有一個叫楊佃保的年輕人，畢業剛開始工作時，老闆對他比較客氣，但隨著工作的深入，老闆對他要求越來越嚴，越來越凶。後來，老闆常常對他拍桌子，大吼大叫，常把他的設計方案退回來。這讓他的神經時時繃得很緊，感覺哪一天自己會拂袖而去。業餘時，楊佃保深感委屈，自己每日勤於工作，經常加班加點，每天都在進步，於是心裡感覺憤憤不平：「我這麼拚命地工作，而他卻常找我的麻煩，而不怎麼指責別人。」

其他的同事有時半是安慰半是幸災樂禍地說：「不要在意嘛！你又何必那麼賣命呢？」

某天深夜，他看著眼前退回來的一捆設計方案，禁不住嘆了一口氣，無奈地說：「唉！看樣子自己該換工作了。」

翌日早晨，楊佃保從包裡拿出昨晚寫好的辭職報告向老闆的辦公室走去，可是辦公室裡一個人也沒有，他只好退了回來。剛一出來，正好和人事部經理撞個正著：「祝賀你啦！你要升職了。」楊佃保有些丈二和尚摸不著頭。

一個小時以後，人事部長把他叫了過去，說：「老闆經常在我面前讚揚你，這次公司設計部經理讓你來擔任。祝賀你，楊經理。」楊佃保簡直不敢相信自己的耳朵，感覺有些旋暈地回到了自己的座位上，面對桌子上厚厚的退回來的設計方案，與往常不同的是：這些不但不再讓他生氣，而且他還覺得有些可愛了呢？不同的上司有不同的風格，有時看似在訓斥你，其實是想磨練你，是想愛護你，是想提拔你。

很多人習慣於從別人的肯定中獲得快樂，而很少有人從別人的否定中肯定自我，這樣其實可以找回一個真實的自己，也是一種前進之道。那些習慣於別人肯定的人，常因別人附和他的喜好，而使自己迷失。得到別人的肯定，讓自己很快樂，但這樣的情況卻是很少的。於是，人們期望得到別人的認同，把外界帶給我們的感受看作快樂與否的指標。

其實，大部分的時間都是我們在掌握自己，成熟有智慧的人不必渴求別人使他快樂，把快樂的鑰匙牢牢地掌握在自己的手中，將快樂永遠開啟。對我們大多數人來說，常常在不經意中把快樂的鑰匙交付別人保管，他們視別人對自己的態度為自己的態度。

一位長期待在閨中的女人說：「我過得很失落，屬於我的郎君在哪裡？」她把快樂的鑰匙放在未來的郎君手裡；一位失戀的小夥子說：「我過得很煩惱，我怎麼才能打動她的心？」他把快樂的鑰匙放在戀人的手裡；一位官員說：「我過得很鬱悶，什麼時候我的官職再升三級？」他把快樂的鑰匙放在烏紗帽上；一位自卑的人說：「我過得不快樂，周圍的人都看不起我。」自卑者把快樂的鑰匙放在周圍人的手中。

這些人在生活中都犯了同一個錯誤：讓別人來控制他的快樂與否，當別的事物掌控我們的快樂的時候，我們本身也是一名受害者。但你總不能要求別的事物為你的糟糕情緒負責吧！生活中有很多人無法掌控自己的快樂，而且可憐到自己「任人擺布」，即使這樣，這種人也往往不會討人喜歡，因為他會顧及別人所做的一切。

別人可不管這一點，常常隨性而為，一不符合胃口，就會製造事端，給其增加新的煩惱。成熟有智慧的人，情緒穩定，常常不因外人如何對待自己而讓自己不快樂。

其實，生活對我們來說，好像一面鏡子，你對它哭，它就哭；你對它笑，它就笑。這表明樂觀的生活態度也可以使人快樂。我們不要因為外在的環境而影響我們的快樂，哪怕是不幸的遭遇。最重要的是我們將快樂的鑰匙拿在自己手中，揚起生活的風帆，坦然地面對和前進。

快樂來自心境

布雷默曾說：「真正的快樂是內在的，它只有在人類的心靈裡才能發現。」

美國最傑出的推銷專家克萊門特·斯通曾經說過：「從基本上說，你對自己的態度，可以決定你的快樂與悲哀。如果你把自己看成弱者、失敗者，你將鬱鬱寡歡，你的人生也不會有太大的作為；如果你把自己看成強者、成功者，你將快樂無比，你往往還能成為一名成功人士。」他在講述該如何樂觀地生活時，講了這樣一個故事。

有一次，聽說來了一個樂觀者，於是，我去拜訪他。他樂呵呵地請我坐下，笑嘻嘻地聽我提問。「假如你一個朋友也沒有，你還會高興嗎？」我問。

「當然，我會高興地想，幸虧我沒有的只是朋友，而不是我自己。」

「假如你正行走間，突然掉進一個泥坑，出來後你成了一個髒兮兮的泥人，你還會高興嗎？」

「當然，我會高興地想，幸虧掉進的是一個泥坑，而不是無底洞。」

「假如你被人莫名其妙地打了一頓，你還會高興嗎？」

「當然，我會高興地想，幸虧我只是被打了一頓，而沒有被他們殺害。」

「假如你在拔牙時，醫生錯拔了你的好牙而留下了患牙，你還高興嗎？」

「當然，我會高興地想，幸虧他錯拔的只是一顆牙，而不是我的內臟。」

「假如你正在瞌睡著，忽然來了一個人，在你面前用極難聽的嗓門唱歌，你還高興嗎？」

「當然，我會高興地想，幸虧在這裡嚎叫的是一個人，而不是一匹狼。」

「假如你的妻子背叛了你，你還會高興嗎？」

「當然，我會高興地想，幸虧她背叛的只是我，而不是國家。」

「假如你馬上就要失去生命，你還會高興嗎？」

「當然，我會高興地想，我終於高高興興地走完了人生之路，讓我隨著死神，高高興興地去參加另一場宴會吧。」

對於樂觀者來說，生活中根本沒有什麼令人痛苦的，他們的生活永遠是由快樂組成的一連串樂符。只要你用心，你就會在生活中發現和找到快樂。痛苦往往是不請自來，而快樂和幸福往往需要人們去發現，去尋找。快樂者說，你可以快樂，只要你希望自己快樂。你如何得到自己的快樂感？這其實並不難，只需一種積極的心理態度和自己豐富的想像力即可。

積極的態度可以代表一種是否具有快樂的信心。快樂的情緒可以引導自己獲得快樂，但你的自我心理必須正常得足以讓你享受生活。你的樂觀概念，對於你自己以及這個世界，擁有很強大的力量。我們生活在這個世界上，都是為了追求自己的幸福和快樂。只要過好屬於我們的每一天，用心感受生活中的一點一滴，從每一件平常的小事中尋求快樂，生活就一定能充滿快樂。

快樂的過程，往往與我們的心境有關，我們每個自然人都有自己的情緒波動，但只要遇事學會擺正自己的心態，自己總往樂觀的一面去想去做，就會帶給我們積極而有成效的一面。快樂來自自己的心境，令人困惑的是，很多人選擇了不幸、沮喪和憤怒。快樂並不是在我們獲得所需要的東西之後的什麼事情，而通常是在我們選擇快樂之後我們會獲得的東西，這種東西哪怕是不幸。

某家有一對雙胞胎兒子，外表酷似，稟性卻迥然不同。若一個兒子覺得太熱，另一個兒子會覺得太冷。若一個說電視聲音太大，另一個則會說根本聽不到。若一個是絕對極端的樂觀主義者，而另一個則是不可救藥的悲觀主義者。為了試驗雙胞胎兒子的反應，父親在他們生日的時候，在悲觀的兒子的房裡堆滿了各種新奇的玩具及電子遊戲機，而樂觀的兒子的房裡則堆滿了馬糞。晚上，當父親走過悲觀兒子的房間時，發現他正坐在一堆玩具中傷心地哭泣。

「兒子呀，你為什麼哭呢？」父親問道。

「因為我的朋友們都會妒忌我擁有那麼多的玩具，我還要讀那麼多的玩具使用說明才能夠玩好，另外，這些玩具總是不停地換電池，而且最後全都會壞掉的！一想到這，我就忍不住地哭了。」

當走過樂觀兒子的房間時，父親發現他正在馬糞堆裡快活地手舞足蹈。

「咦，你高興什麼呀？」父親問道。

這位樂觀的小兒子回答說：「我能不高興嗎？附近肯定會有匹小馬！」

由此可見，快樂不是來自外界的侵擾，而只是自己的一種主觀感受，是一種快樂的心理感覺和願望。所有快樂研究結果表明：那些快樂的人往往是那些忙碌、有活力和性格外向的人。

而一個開朗豁達、生活態度積極向上的人，也往往是一個成功的人。快樂的人常常具有這些優勢。如果我們用一種憂鬱的心態面對人生，那麼，人生就會成為一種折磨和煎熬。

在生活中，我們如果保持樂觀一些，就會快樂起來。任何人都不可能阻止我們的心境，只有我們自己才能決定自己的快樂。

奮鬥的人生最快樂

究竟什麼樣的人才是最快樂的人，是國王？首相？議員？或者是腰纏萬貫的大富翁？以上答案都不是。快樂與地位和名氣無關，它屬於那些為生活辛勤付出的人們。

英國的一家著名報社曾舉辦過一次徵文活動，它的題目是「什麼樣的人最快樂？」報社編輯從數萬堆積如山的讀者來信中，評選出四個最佳答案：一是作品剛剛落成，吹著口哨欣賞自己作品的藝術家；二是用沙子蓋城堡的孩子；三是為嬰兒洗澡的母親；四是千辛萬苦開完刀後終於挽救了病人生命的外科醫生。

從上面的答案得知，第一答案的意義就是：我們必須生活在工作中，工作可以給我們許多快樂。我們人生很大的一部分時光都是在工作中度過的，人生的快樂與安慰，來自工作的勤奮努力，而且，有工作可幹的人可以顯示他們的獨立人格。

一位西方專家曾說：「一個人如果不能從工作中整出一點樂趣來，就枉為他的工作。」在工作中，我們只要培養自己的樂觀精神，對工作充滿信心和熱忱，就會發現其中的快樂。一個全天致力於自己工作的人，他如果由衷地體會到工作的快樂，這樣能使工作中的難題在自己的面前迎刃而解。

古今中外的藝術家、音樂家或各種傑出人物沒有一個不以工作為樂趣的。在工作中快樂，快樂中工作，才能拔高和成就自己的不凡人生。所以，工作中的我們一定要找到自己所喜歡且擅長的，並賦予我們的激情，工作一定會給我們以碩果累累的報答。

第二答案的意義是，自己要想快樂，必須對未來充滿渴望和想像。在打擊和不幸面前，希望使我們的心理承受能力得到增強，希望使我們能一往無前地頑強拚搏。持續拚搏和忍耐的原因是為了自己未來的希望。只要我們的希望還在，我們的心靈之燈就不會泯滅，這才能使我們看清前方的航標，就像一盞明燈，照耀著我們不斷前進。

曾有一個外國女人，她頭部的要害部位被搶劫犯打了五槍，結果是，她竟然還活著。醫生把她的康復歸功於求生的希望。她說：「希望和積極的求生意念是我活下去的兩大支柱。」這和許多癌症患者一樣，面對死神的威脅時，他們對生的渴求戰勝了病魔，結果又使他們多活了幾十年。因此，在挫折和不幸面前，只有保持樂觀的心態，永不放棄追求，才有可能取得成功。

第三答案的意義就是：要想自己快樂，心中一定要充滿無私、不計報酬的愛心。這讓我們很容易地想起了約翰．洛克菲勒。正逢他事業巔峰、財源滾滾的時候，他的個人世界卻突然崩潰了，他的標準石油公司一直災禍不斷：與鐵路公司的訴訟、對手的打擊等。遭他無情打擊的對手，沒有一個不想把他吊死在蘋果樹下。威脅要他性命的信件如雪片般飛入他的辦公室。

後來他終於退休了，開始學習打高爾夫球，從事園藝，與鄰居聊天、玩牌，甚至唱歌。他開始想到別人，不再只想著如何賺錢，而開始思考如何用錢去為人類造福。總而言之，洛克菲勒開始把他的億萬財富散播出去……於是，洛克菲勒開心了，他徹底改變了自己，使自己成為毫無憂慮的人。約翰還給慈善業帶來了一場革命。在他之前，富有的捐贈人往往只是資助自己喜愛的團體，或者饋贈幾幢房子，上面刻著他們的名字以顯示其品行高尚。而約翰則是致力於建立一個更加科學、更加規範的慈善體系。

約翰最後留給家族的不僅僅是一個財富上的傳承，他對慈善事業的這種全心的傾注，使洛克菲勒的一生創造了許多的奇蹟，但真正的也最震撼人心的，當屬他「死於53歲」又活到98歲，多活了45年的生命奇蹟！捐贈給他帶來了快樂，也使慈善事業成為整個洛克菲勒家族的傳統，並得以繼承和延續開來。

第四答案的意義：快樂就是要有助人為樂的能力和技能。拉布呂耶爾曾經說過：最好的滿足就是給別人以滿足。著名作家狄更斯也說過：世界上能為別人減輕負擔的都不是庸庸碌碌之徒。幫助別人可以贏得友誼，可以給自己帶來快樂，因為，人們對朋友的重要性都有著自己深刻的體驗。朋友在我們心中占有重要的地位，僅次於家人，在我們處於困境的時候，他們往往能夠雪中送炭。所以，當別人處於困境的時候，我們要學會關心和體貼他人，能主動地去幫助別人，助人為樂，這是人際交往的一種高尚的行為。

總之，助人為樂是社會的一大美德，你在幫助別人的同時，也同時幫助了自己，幫助自己獲得了快樂而充實的生活。一些研究人員認為，養成助人為樂的習慣是預防和治療憂鬱症的良方。幫助別人既然是一種雙贏的事情，我們又何樂而不為呢？總之，上述四類答案的核心是奮鬥。

幽默的表達

幽默不僅可以使人快樂，還可以吸引人的注意力，使人機智，重要的是，使尷尬、緊張的氛圍變得愉悅而輕鬆，使人在痛苦的情緒中解脫出來，使對立衝突轉化為和諧，在笑的瞬間拉近了彼此之間的距離。幽默既是一種生活態度，也是一種智慧，它來自自由自在的心靈，用機敏和睿智給人們帶來無窮的快樂。

生活之中離不開幽默，否則，將何其單調乏味。每個人都需要幽默，它可以給懶惰者帶來活力，可以給辛勞者增添力量，可以給孤獨者增添情趣，所以，人生需要幽默，生活需要幽默。每天每時每刻，有多少笑話和幽默圍繞在我們身邊，給我們帶來了無數的快樂，為我們放鬆了身心，為我們注入了一種特別的力量，使我們永保人生激情。

幽默背後有著一顆善良而真誠的心，它創造出了很多美好時光。如果你會幽默，那麼你是一個幸運的人。在生活中，一個能夠讓人歡笑的人，可以把歡樂散布四周，可以把握住氣氛，可以獲得別人的接受和欣賞，做事往往可以很容易地獲得成功。幽默是交流中一項重要的技巧，它可以不花力氣地化解尷尬的氣氛和不必要的摩擦。沒有幽默，很多事情將不能完成，縱觀歷史，很多著名人物都喜歡幽默，借之將很多棘手的事情轉化為成功。

英國的蕭伯納曾說：「幽默像馬車上的彈簧，沒有它，人生路上的每一塊小石子，都會讓你顛簸得難受。」

在一次慈善舞會上，蕭伯納邀請了一位自視過高而又十分害羞的女士跳舞。兩個人正在跳著華爾滋的時候，女士不安地問：「偉大的蕭伯納先生，您是怎麼想到邀請可憐的我一起跳舞呢？」

蕭伯納看了女士一眼，輕鬆地回答：「難道你沒有發覺，這是一個慈善舞會嗎？」被著名的蕭伯納邀請是一種榮耀，有些自傲的她本來想期盼讚美，但被蕭伯納的幽默潑了一盆涼水，收斂了自己。

幽默其實很簡單，它不必借助多麼複雜的事情，只需將生活中的點點滴滴，用簡單的語言就可以發揮得淋漓盡致。

在美國，有一位叫霍莫思的高級法官，他功成名就，在訴訟等法律領域碩果累累。為此，人民給他精心製作了一座雕像。在他的雕像揭幕的那個儀式上，有一位年輕的女人千里迢迢地特地來看他的雕像，同時也見到了他本人。

她驚訝萬分，激動地說：「我不遠千里就是來看你的雕像揭開。」

這個法官回答說：「我也樂意不遠千里去向你匯報。」

上面這個故事中的法官對自己各方面的成就不誇耀，也不自得，運用幽默表達了自己的謙虛。

這個世界中充滿了幽默，文學家的作品中由於充滿了幽默感，而讓讀者津津有味；演說家的演講中充滿了幽默感，而讓觀眾捧腹大笑；官員的講話中的自嘲式幽默，讓人感覺其平易近人；教育家的思想充滿幽默感，有效地開啟了受業者的心靈；夫妻的生活中充滿了幽默，讓家庭氣氛變得格外溫馨而有活力。

幽默對健康來說，也是非常重要的。幽默是人的最忠實、最省錢的貼身保健醫生，對健康也有很大的幫助，它可以讓人消除緊張，對心臟有益，可以調節過低或過高的血壓，促進消化，增強活力並延長壽命。對於長年廝守的夫妻來說，難免不發生一些小摩擦，與其哀嘆抱怨，不如捷足先登，急中生智來點兒幽默笑料，以平衡心理，讓生活充滿溫馨。

心理神經免疫學專家柏克和其研究夥伴史坦萊．譚透過實驗，驗證了幽默的價值：人體的緊張荷爾蒙會下降，免疫系統的活動會增強，一些改變會持續至歡笑的第二天。

新澤西州特克雷爾的心理學家保羅．麥基認為，經常大笑可放鬆肌肉的緊張度，有助於控制疼痛，並控制壓力。在此需要提醒的是，濫用幽默，以譏諷他人短處，例如容貌、身高、缺陷等來達到「笑果」的幽默，要特別注意和小心，因為這樣做將大大刺傷當事人的心靈。所以，運用幽默時，應注意人物和場合。攻擊、諷刺、責備式的幽默，雖然可以讓人發笑，但對事物本身一點幫助也沒有。別人不會因此改變對你的看法，甚至會記住你的「惡行」，給自己樹立了一個潛在的敵人。

總之，只有那些快樂、輕鬆、振奮人心的幽默，才可以促成輕鬆、勝利和成功，才可以使氣氛變得空前活躍。幽默所揭示的不是原本的自己，它剝去虛假的驕傲和繁榮，讓自己看到錯誤的想法和膚淺的觀點。我們的幽默要根植於切合實際的基礎上，我們就可以隨心所欲地打開它的開關，在嚴肅和趣味之間達成一種平衡。

成功從微笑開始

一個親切、溫和、臉上洋溢著笑意的人，遠比一個穿著一套高檔、華麗衣服的人更引人注意，更受人歡迎。生活中的我們如果能以真誠的微笑面對別人，別人就會有一種沐浴陽光般的感覺，感受的是生活中的溫暖。如果把自己的快樂傳遞給了別人，別人就能把我們要辦的事情順利完成。因為生活中的人們總是期待真誠的笑臉，這是一種積極的心態，是一種能夠使別人受到感染的良好心態。

既然微笑具有這麼大的力量和作用，那麼就要學會對別人施以真誠的微笑，利用它來調節我們自身，讓我們得到一些快樂，也感染別人得到一些快樂，讓它產生積極的帶動作用，使我們的生活更加愉悅前進的同時，一步步走向人生的成功。

幾年前，底特律的哥堡大廳舉行了一次巨大的汽艇展覽會。人們聞訊後，蜂擁而至，在展覽會上看到從小帆船到豪華的遊艇應有盡有，於是選購自己所應用和喜愛的各種船隻。在汽艇展覽會期間，一家汽艇廠有一宗巨大的生意跑掉了，而另一家汽艇廠卻用微笑把顧客挽留了下來。

事情是這樣的：一位來自中東產油國的富翁，他來到一艘展覽的大船旁對站在他面前的推銷員說：「我想買艘汽船。」

這對推銷員來說，可是求之不得的好事。那位推銷員很周到地接待了富翁，只是他臉上冷冰冰的，沒有一絲笑容。這位富翁看著這位推銷員那沒有笑容的臉，裡面似乎藏有什麼心機，然後不動聲色地走開了。他繼續參觀，到了下一艘陳列的船前，這次他受到了一位年輕推銷員的熱情招待。

這位推銷員臉上始終掛滿了歡迎的笑容，那微笑像太陽一樣燦爛，使這位富翁有賓至如歸的感覺，所以，他又一次說：「我想買艘汽船。」

「沒問題。」這位推銷員臉上帶著微笑答道：「我會為你介紹我們的產品。」

後來，這位富翁果然交了定金，並且對這位推銷員說：「我喜歡人們表現出一種他們非常喜歡我的樣子，現在你已經用微笑給我表現出來了。在這次展覽會上，你是唯一讓我感到我是受歡迎的人。」

第二天這位富翁帶著一張保付支票回來，購下了價值 2,000 萬美元的汽船。

可見，微笑是一種無聲的力量，它代表著：「我很高興見到你，你讓我很快樂……」它似乎比任何形式上的行動更有分量，更受人青睞。微笑雖然無聲，但它代表著一種寬容，一種認可，一種接納，它縮短了人們彼此之間的距離，能使人的心靈彼此相通。喜歡運用微笑的人能夠很容易走入別人的心扉，接下來的辦事步驟便可駕輕就熟了。

現在的人們非常注重自己外在的形象和儀錶，但一張微笑著的臉似乎比這更有魅力。很多企業都以對顧客微笑來爭得市場。說到這裡，我們就不能不說到以微笑服務冠於全球的希爾頓旅館。

希爾頓於 1887 年生於美國新墨西哥州，他的父親去世之時，只給年輕的希爾頓留下 2,000 美元的遺產。他加上自己的 3,000 美元，隻身去德克薩斯州買下了他的第一家旅館。

當旅館資產增加到 5,100 萬美元的時候，他欣喜而自豪地告訴了他的母親。但是，母親卻淡然地說：「照我看，你跟從前根本沒有什麼兩樣，不同的只是你把領帶弄髒了一點而已。事實上你必須把握比 5,100 萬美元更值錢的東西。除了對顧客誠實之外，還要想辦法使每一個住進希爾頓旅館的人住過了還想再來住，你要想一種簡單、容易、不花本錢而行之可久的辦法去吸引顧客。這樣你的旅館才有前途。」希爾頓聽後，苦苦思量母親嚴肅的忠告：究竟什麼「法寶」才具備母親所指示的「一要簡單，二要容易做，三要不花本錢，四要行之可久」呢？

終於希爾頓想出來了：「這個法寶一定是微笑。只有微笑具備這四大條件，也只有微笑能發揮如此大的影響！」於是希爾頓根據這一法寶訂出了他經營旅館的三大信條：信心、辛勤、眼光。他要求員工照此信條實踐。他還要求員工，無論如何辛勞都必須對旅客保持微笑。他確認：微笑將有助於希爾頓旅館世界性的發展。

事實上，希爾頓旅館能從美國 1930 年代的經濟蕭條中倖存下來，且領先進入繁榮時代，便證明了希爾頓判斷的正確性。希爾頓在接下來的經營中也一直強調他的「微笑服務」這一法寶。每當希爾頓為旅館充實一批現代化設備時，他就要來到旅館，召集全體員工開會。

「現在我們的旅館已新添了第一流設備，你們覺得還必須配合一些什麼第一流的東西使客人更喜歡它呢？」員工回答之後，希爾頓會帶笑地搖著頭：「請你們想一想：如果旅館裡只有第一流的設備而沒有第一流服務員的微笑，那些旅客會認為我們供應了他們全部最喜歡的東西嗎？缺少服務員的美好微笑，這好比花園裡失去了春天的太陽和春風。假如我是顧客，我寧願住進那雖然只有殘舊地毯，卻處處見到微笑的旅館，而不願走進只有一流設備而不見微笑的地方……」

如今，希爾頓的資產已從 5,000 美元發展到數十億美元。希爾頓旅館已經吞併了號稱「旅館大王」的紐約華爾道夫的奧斯托利亞旅館，買下了號稱為「旅館之後」的紐約普拉薩旅館。與此同時，他的名言：「你今天對客人微笑了沒有？」也在這些旅館深處震盪開來。可以毫不誇張地說，微笑是希爾頓旅館最寶貴的無形資產，也是它制勝的魅力所在。

希爾頓的成功，就是從微笑服務開始的。

微笑著面對一切

我們無論面對的是什麼，首先要求自己微笑起來。當一個人看到笑臉的時候，會放鬆所有的敵意和警惕，自己也會以積極的心態來解決一切問題。俗話說：巴掌不打笑臉人。對許多事情而言，如果學會了微笑，將意味著自己成功了一半，因為微笑是一種讓人接納的良好態度，你的生活無論有如何的苦不堪言，只要有微笑打開心扉，就會產生積極的應對力量，達成心與心的理解和碰撞，就一定會助你馬到成功。

生活中，如果你施以別人微笑，就說明你已經向別人打開了自己的心扉，除非你有不可告人的目的引起的警惕除外。對於接受微笑的人來說，微笑則是和煦明媚春天的生機，則是熱情奔放夏日的翠綠，則是豪爽成熟秋天的希望，還是一條流水潺潺的清澈小溪，一朵朵芬芳誘人的鮮花，一首悅耳動聽的小曲，一道賞心悅目的美景……

總之，微笑可以帶給人心裡舒暢的享受，心平氣和的交談，使人身心健康地成長，使人平易近人地理解，甚至是肝膽相照地來往。微笑著面對功成名就，你會淡然和成熟。擁有微笑，走向生活，面對人生，你都有從容不迫、左右逢源的收成。所以對於我們來說，微笑著跋涉人生的溝溝壑壑，做自己喜歡的事情，多留一些坦然給自己，走出一條屬於自己的路，去贏取生命中的那份精彩。

微笑也是一種力量，在微笑中展示自己的魅力，在微笑中積澱人生的精華，微笑著為自己喝彩，我們要學會在微笑中收穫一切。特別是面對失敗的時候，對於傷心失望的人來說，苦難是一塊絆腳石，而對於能以微笑面對的人來說，苦難則是一筆不可多得的財富。

所以，微笑著面對一切，在失敗中汲取教訓，體會各種方法，你會感到失敗是成功路上層層的山巒，是洶湧的浪濤，你只有經歷坎坷，才會到達成功的彼岸。你一定會找到生活中的快樂所在，並以喜悅的心情期待著自己的成功。由此，我們不如微笑著面對這個世界，將自己封閉的心胸打開，放飛自己的心靈，納入外界的一切喜怒哀樂，讓一個開朗的世界在自己的面前層層疊疊地打開：碧海藍天、瓊樓玉宇……讓我們一路瀟灑地走過去，微笑著去歌唱生活，把一切的成敗得失，歸為一種輪回，微笑著面對挫折，微笑著面對成功，一切的一切都是那麼美麗自然。

付出也是一種快樂

付出也是一種快樂，由於自己的付出使別人得到幫助而感到快樂。付出與快樂好像一對孿生姐妹：沒有付出，就沒有快樂；反之，要想獲得快樂，就必須去付出。人生有得也有失，不去付出的人將一無所得。

其實，只要你懷著一顆付出的心，哪怕是微不足道的一點，得到的也將是自己付出的好幾倍。不僅可以得到實實在在的東西，而且還可以得到資訊、經驗。那些渴望自己過得快樂的人，如果平時不吝嗇自己的一點小小的付出，就能獲得自己的快樂。人生有失才有得，沒有付出哪來得到的快樂呢？

在美國的街頭，有一個叫蘭迪．麥克理的人，六七十歲的年紀，披肩長髮灰白，衣服充滿著補丁。在人行道上向路人乞討，他面帶微笑，他的微笑是真誠和令人愉快的。一天下午，來了一位小姑娘，大約有六七歲的樣子，小姑娘走近他，伸手將一個東西放到蘭迪的手心裡的一剎那，蘭迪喜笑顏開。只見他伸手從口袋中掏出什麼東西放進小姑娘的手心裡。

小姑娘也興奮不已地向她的父母跑去。為什麼小姑娘一下子變得那麼快樂呢？很簡單，其實就是一枚硬幣。小姑娘走過來給了蘭迪一枚硬幣，而他反過來送給小姑娘兩枚硬幣。蘭迪．麥克理只是想教會她：「如果你慷慨大方，所收穫的就會比自己付出的多。」

這是《讀者》雜誌曾經發表的一篇文章，故事不僅僅只是對小姑娘說，更是對我們世人來說的。意思是，當一個人處於困境時，只要你付出一點點力量，得到的回報是自己付出過程所得到的樂趣，同時，受幫助的人更感到快樂，這也是對世間愛心的美好回報。

生活中總有一些人愛占小便宜，看見別人過得好，自己也羨慕，總想沾一點過去，圖自己一時的滿足。甚至有的人對國家的財物虎視眈眈，總有非分之想，到頭來，犯了錯誤進了監獄。於是快樂沒有了，自由也沒有了，面對的只有苦役和悔恨。那些妄想不勞而獲的人，最後的結果是不但得不到據為己有的畸形樂感，而且咀嚼的是失去自由的苦痛。

俗話說，櫻桃好吃樹難栽。我們要想吃到櫻桃的話，必須先付出，把櫻桃樹栽培好，才有可能品嘗到櫻桃的快樂。這就好比，要想喝到清涼的水，必須挖好一口井才行；也好比爬山，過程的艱辛是為了登上頂峰的快樂；就好像農民辛苦的耕種是為了秋天的收穫一樣……

不管你想得到什麼，其中的過程必是艱辛的，只有經歷無數的磨礪和苦幹，最後才能嘗到收穫果實的快樂。在閒暇的日子裡，不要覺得自己的日子百無聊賴，你不妨給遠方的親人或朋友問候一下，這也是一種小小的付出，結果你會因收到家人或朋友的資訊而感到快樂。或者說，在週末的時候，為自己的家人做一頓可口的飯菜，讓你的家充滿溫馨快樂的氛圍，這也是一種快樂。總之，付出是自己的動力，快樂是付出的結果。

有一對衣衫襤褸的小兄弟，一個10歲，一個5歲，從遙遠的農村來到城裡討飯。某天，饑腸轆轆的他們來到一戶人家的門口，這家人在門裡說：「自己工作去賺了錢才有飯吃，不要來麻煩我們。」

他們走到另一戶人家的門口，裡面的人說：「我們這裡不給叫乞丐任何東西。」在好多家門口乞討都遭到拒絕與斥責，兄弟倆很傷心。

最後有一位好心腸的太太對他們說：「可憐的孩子，我去看看有什麼東西能給你們吃。」過了一陣子，她拿了一罐牛奶送給了小哥倆。

兄弟倆坐在馬路旁，像過節一樣高興。弟弟對哥哥說：「你是哥哥，你先喝！」他半張著嘴望著哥哥，用舌頭舔著嘴唇。只見哥哥睜大眼睛看著弟弟，拿起奶罐假裝出喝奶的樣子。其實他緊閉雙唇，沒有讓一滴牛奶入口。

然後，他把罐子遞給弟弟：「現在輪到你了，你只能喝一點點。」

弟弟拿起罐子喝了一大口，說：「牛奶真好喝！」哥哥接過罐子，假裝喝了一口，又遞給弟弟。

奶罐在兄弟兩個手裡傳來傳去，哥哥一下子說：「現在輪到你了。」一下子說：「現在輪到我了。」一罐奶都被弟弟喝完了，哥哥一滴未喝。但哥哥很快樂，他把那個空牛奶罐子當足球踢。他是那樣的興高采烈，因為他的肚子雖然空空如也，心裡卻裝滿了快樂，因為付出的人得到的回報是幸福。哥哥付出了愛心，得到的是弟弟感激的快樂。

當然，這種愛的回報是無限的。但在這個物慾橫流的時代，大人總叮囑自己的孩子，不要把自己的零食給其他的小朋友吃，如此等等，生怕自己的孩子吃一點虧，更不想讓孩子幫助別人。其實你不知道自己犯了一個多麼大的錯誤，你這是在剝奪孩子快樂的權利，讓孩子失去付出的快樂。

付出是一種快樂，如果生活沒有厚待我們，我們也不必打腫臉去充胖子，但我們可以付出笑容、力氣等來獲得自己的滿足感。總之，付出會使人們之間充滿愛和快樂。

要想幸福，行動吧！

人生只有短短數十年，它就像一次匆匆的旅行，在旅行中不要給自己留下什麼遺憾，要給自己留下許多美好的記憶和快樂。因此，該行動的時候，就要行動，這樣，遺憾就不會來到我們的身邊。天下沒有免費的午餐。幸福不是等來的，也不是盼來的，而是透過勞動與付出換來的。要想得到幸福，就要付出相應的勞動與努力。

在謀求幸福的道路上絕對沒有捷徑，重要的是，我們要努力去爭取。在生活中，我們常常為擦肩而過的機遇而悲傷不已，越在意的東西往往讓我們不滿意，一旦得不到，那種失望和遺憾無以言表，甚至在無奈中不可自拔，長時間地沉浸在失意之中。可是，那不過是徒勞而已，因為機遇已經離我們遠去。

所以，當機遇來臨的時候，要毫不猶豫地抓住，不給自己的人生留下遺憾和傷感。大多數人在開始的時候都有很強的上進心，都有遠大的夢想，常因缺乏立即行動的想法，致使夢想開始萎縮，產生種種「不可能成功」的消極思想，甚至就此不敢再存任何夢想，過著隨遇而安、樂於知命的平庸生活。這也是大部分人不成功的原因。

在美國的一次經濟危機時期，一個年輕大學生畢業了，獲得了學位。他像大多數同學那樣，並沒有高興起來，因為那個年頭找個工作十分困難。他對自己的未來幾乎沒有什麼想法，也不期待什麼好運會降臨在自己頭上。為了賺錢養活自己，他只好在當地一個游泳池當救生員。有一個中年人經常來游泳，對他非常友好。於是，兩個人開始攀談起來，慢慢地，他們互相熟悉起來。他鼓勵年輕人要仔細地分析一下自己，看看自己適合做點什麼。年輕人聽從了他的建議，接下來開始仔細檢討自己，最終他決定還是想成為一名電臺播音員。年輕人告訴了中年人自己的志向，這位中年人鼓勵他不要將自己的目標停留在口頭上，要想將夢想變成現實，就要採取必要的行動。於是，他走遍了兩個州，努力使自己進入廣播事業。

苦心不負有心人，他成了達文波特市一家電臺的體育播音員。年輕人如願以償，為此興奮不已，但他認為自己更大的收穫是：行動是幸福、快樂的唯一途徑。

每個人都應該積極追求自己的幸福、快樂和成功，並把自己的目標明確下來，否則，它將像一座座並不存在的空中樓閣一樣，是不存在的，也是徒勞的。明確了目的，還要付出實實在在的行動，方能不留下遺憾，而保持自己的幸福快樂。每個人都對人生充滿了嚮往和追求，甚至有著無數的設想，可是你可能在時間的流逝中拚命比較：究竟哪一個更適合自己，究竟自己做哪一個合適。不去嘗試，在虛空中一次次出現，耗費太多的時間去夢想，讓夢想逐漸地黯淡下來，於是想法和打算成了一閃而過的念頭。

其實，想法和實情相差很大，與其空想，不如一件件去追求嘗試。在生活中，我們對自己都會有所打算，或許是一個方案，或許是一個夢想，或許是一個規則。它即使在你的腦海中重複上萬次，也不會對你的現實生活產生影響，而一次無心的行動，常給你的生活帶來轉機。思路決定人生，行動是必要的步驟。

因此，如果你有一個美好的計畫和目標，就要打造自己的執行力，就要立刻開始行動。不管它是不是成熟，是不是值得你去嘗試，都應該去試一下。生活中的很多人常常因為缺乏立即行動的能力，夢想開始萎縮，最終變得渺茫，甚至消亡。現在的你，可能感覺自己不幸，為此悲天愴地，但無濟於事。與其在黑暗中為自己逝去的夢想哭泣，不如積極打開一道缺口，付出實際行動，與夢想遙遙相望，逐步縮近距離。人生許多的東西得到的時候是不太容易，因為有時候我們不珍惜，或是沒有真心去面對。

對這一個萬花筒般的世界，它有如一個多彩的面具，有誘惑，所以我們要不怕磨難，唯有依靠實實在在的行動，努力抓住屬於自己的機遇。即使自己在搏擊人生，被浪濤襲擊得千瘡百孔的時候，也不要放棄，人就這麼一輩子，人生能有幾回搏，就是失敗了，曾經的付出，曾經寶貴的經歷也不會讓你抱憾此生的離去。所以，人生苦短，何不全力拚搏一番，生活不會虧待努力進取、勤勞付出的人。

明朝時，史學家談遷經過20多年的辛苦寫作，終於完成了一部編年史巨著——《國榷》。這部巨著足以使談遷流芳百世了，他心中的喜悅可想而知。然而，他並沒有高興多久，一件令他終生難忘的事情擺在了面前：他的《國榷》原稿被偷走了。這對他來說無異於一個晴天霹靂，其中的失望是可想而知的。而且，巨著原稿失竊後，再也沒有下落。

原來，盜賊以為裝著巨著的箱子裡面是金銀財寶，就把整個箱子偷走了。20年的心血啊！這樣的事情對誰來說都是一個致命的打擊。對已年過60的談遷來說更是一個無情的重創。但談遷很快就從痛苦中崛起，下定決心從頭再寫一遍。這樣，又經過了10年，新的《國榷》又誕生了，內容比丟失的那部更詳實精彩。談遷也因此名垂千古。

天有不測風雲，人有旦夕禍福。在漫長的人生道路上，人即使付以辛苦的勞動，也不可能是一帆風順的。厄運、災難總會突然降臨頭上，生氣、著急、捶胸痛哭都無濟於事。只有以平靜的心態接受這一切，以持續的行動再造生活，才是強者之路。因此，年過花甲的談遷成功地做到了這一點，否則，留給他的將是一個很大的遺憾了。

總之，人生最大的願望就是希望自己能有一番轟轟烈烈的事業，但那畢竟是極少數的人。其實，平凡的人，在平凡中行動，在平凡中奉獻，照樣可畫出人生精彩的弧線。人就這麼一輩子，不要為自己留下遺憾，因為你改變不了環境，但你可以付諸自己的行動去改變自己的命運，贏取幸福快樂的人生。

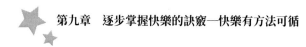

善於放鬆自己

雖然慾望是無限的，但身體是有限的，因此無論有多忙，也要學會放鬆自己。在生活中，我們如果從形形色色的名利場中脫離出來，對人對事平和一點，寬容一點，少一些明爭暗鬥，少一些貪婪之心，就會多一份愉悅的心境。有時，人們會面臨很大的壓力，它有可能是來自生活方面的，也有可能是來自工作方面的。

雖然沒有氣餒，但無時不在的壓力會壓得你喘息不得，甚至在透支著身體健康。這時候，要學會暫停下來，稍作休整，或者給自己減輕一下壓力，放棄那些不重要的事情，只做好那些關鍵的事情就行了。世上有賺不完的錢，我們不可能把所有的錢全部放入自己的口袋裡。做一個賺錢的機器其實是非常可悲的，所以，我們要試著學會暫時放下手頭的事情，給自己留一份輕鬆，這樣，我們將會獲得無限的心理自由和無限的心理空間。

生活中的每一個自然人，其精力都是有限的，無論你是誰，當壓力壓在你的頭上超過一定限度的時候，就會把你壓垮，甚至是崩潰。所以，在生活中我們不要攬得過多，不必勉強自己去承受，不要超越自己所承受的極限。生活中根本沒有完美，如果你癡心於完美的目標，只會使你付出慘重代價，能夠完美的只有自己的心境。生活在這個高速發展的社會裡，生活節奏加快，競爭空前激烈，很多人都為自己的生活奔波和忙碌著，生怕自己要落後的樣子。因此人們過著緊張焦慮和疲憊的生活，有的人不堪壓力的重負，處於一種亞健康狀態，甚至到了崩潰的邊緣。

所以，學會放鬆，是十分重要的，這是對自己負責，更是對家人負責。在生活中，我們不妨經常松一鬆緊崩的神經，讓身心緩解一下，以便為自己的目標積蓄力量，實現持續發展。學會放鬆，就是要學會有張有弛的生活態度，保持有快有慢的生活節奏。我們不是工廠裡運轉的機器，工作和生活不必排得太緊密，我們需要能量的及時補充，需要精力的及時恢復。當感到工作太累時，不妨先放一放，可以到郊外散散步，靜靜地聽一下音樂；或者去公園、健身房裡活動一下身體，調節一下身心，轉換一下思維；或者開著車，徜徉於山水田園之間，沐浴野草山花之間的閒趣，而不必計較是否名勝奇景。

總之，只要能讓我們躲開市井的喧囂，躲開人與人之間的相互猜忌與傾軋，就能使我們輕鬆愉快起來。學會放鬆，我們要注重精神上的放鬆，使自己疲憊的心得到切實的輕鬆。它不是散漫，也不是無所事事而放任自流和一直任由自己放蕩，更不是無病呻吟似的寂寞。真正的放鬆是蘇軾那種「猝然臨之而不驚，無故加之而不怒」的鎮定。

羅曼．羅蘭說過：「人生最大的苦惱，不在於自己擁有太少，而在於自己希望的太多。」想的和希望的太多，而又能力所不及，所以便失望、不滿，便自卑疑懼、戒備和緊張。學會放鬆是讓我們學會幸福和諧生活的要旨，讓我們每一個人都擁有一顆舒展的心靈，凡事看得平淡些、輕鬆些，不過分求全，不急於求成。善於放鬆，可以平衡我們緊張的生活，擺正度與量的尺寸，嚴肅與和平、寬容與狹隘、輕鬆與緊張的關係。這其實是生活中的一門大學問。

有一位講師在講解經營管理的課堂上拿起一杯水，然後問學生：「各位認為這杯水有多重？」

學生有的說20克，有的說50克不等，講師則說：「這杯水有多重並不重要，重要的是你能拿多久？拿一分鐘，各位一定覺得沒有問題，拿一個小時，可能覺得手酸，拿一天，可能得叫救護車了，其實這杯水的重量是一樣的，但是你若拿越久，就覺得越緊張，這就像我們承擔著壓力一樣，如果我們一直把壓力放在身上，不管時間長短，到最後就覺得壓力越來越大而無法承擔。我們必須做的是放下這杯水，休息一下後再拿起來，如此我們才能拿得更久。所以，各位應該將承擔的壓力於一段時間後，適時地放下並好好休息一下，然後再拿起來，這樣才可以拿得更久。」

這就如我們的工作，當我們工作一天疲憊地回到家的時候，就要徹底放下工作的事情，回到家就應該和愛人、孩子或者父母愉快地相處，不要再徒增明天的壓力。這時最忌諱的就是把工作帶回家，不但使自己勞累，而且還會影響到家人。當然，放鬆並不是什麼也不做，我們完全可以花點時間和家人多說說話，或者讀自己喜歡的小說，或者活動一下。總之，要有規律地放鬆一下，既簡單又快樂。

選擇快樂

我們快樂與否，與自己的心情有關。心情好的時候，我們自然就會感到快樂。我們的心情是可以由我們自己選擇和決定的，所以我們何不選擇好心情讓自己多快樂一點呢？

老子說：「禍兮福所倚，福兮禍所伏。」在挫折、災難或厄運降臨的時候，我們務必要保持樂觀精神，而不能被悲觀的心態所俘虜。我們左右不了外部的世界，但是，可以把握住自己的心態。把握住了自己的心態，也就擁有了一個閒適而安寧的精神世界。

古希臘哲學家艾皮克蒂塔有句名言：「一個人的快樂與幸福，不是來自依賴，而是來自對外界運行規律的追求。」作為一個樂觀者，儘量把煩惱和憂愁從自己的心中排除出去，這樣就可以做到每一分鐘都過得有意義、有價值。

約翰是一個飯店經理，他遇到任何事總是很樂觀。當有人問他近況如何時，他總是回答：「我快樂無比。」如果哪位同事心情不好，他就會告訴對方怎麼去看事物好的一面。他說：「每天早上，我一覺醒來就對自己說，你今天有兩種選擇，你可以選擇心情愉快，也可以選擇心情不好，我選擇心情愉快。每次有壞事情發生，我可以選擇成為一個受害者，也可以選擇從中學些東西，我選擇後者。人生就是選擇，你要學會選擇如何去面對各種處境。歸根結底，即自己選擇如何面對人生。」

有一天，他被三個持槍的歹徒攔住了。歹徒朝他開了槍。幸運的是發現得較早，約翰被送進了急診室。經過18個小時的搶救和幾個星期的精心治療，約翰出院了，只是仍有小部分彈片留在他體內。六個月後，他的一位朋友見到了他。朋友問他近況如何，他說：「我快樂無比。想不想看看我的傷疤？」朋友看了他的傷疤，然後問當時他想了些什麼。約翰答道：「當我躺在地上時，我對自己說有兩個選擇：一是死，一是活。我選擇了活。

醫護人員都很好，他們告訴我，我會好的。但在他們把我推進急診室後，我從他們的眼神中讀到了『他是個死人』。我知道我需要採取一些行動。」「你採取了什麼行動？」朋友問。約翰說：「有個護士大聲問我對什麼東西過敏。我馬上答『有的』。這時，所有的醫生、護士都停下來等我說下去。我深深吸了一口氣，然後大聲吼道：『子彈！』在一片大笑聲中，我又說道：『請把我當活人來醫，而不是死人。』」

就這樣約翰活下來了。樂觀的人常常自我感覺良好，對失敗有點可貴的「馬大哈」精神。你對事情的態度，可以決定你是否快樂。只有拋棄悲觀消極的情緒，選擇積極樂觀的心態，才能做快樂的主人。一個人要過得快樂，最主要的是來自心理的選擇。一個人若有了這種良好的心理，成功就不會得意忘形，失敗也不會痛苦萬分。如果我們用這種平和的心境來對待生活，那麼我們做每一件事，都會形成一種自覺、一種快樂，就不會覺得那麼累了。

在生活中，我們會感受到方方面面的刺激和反應，它們讓我們感覺快樂。比如，昂貴的居室、頗高的收入、美好的愛情等。其實不然，快樂只是我們的一種選擇而已，只不過這種選擇有主動和被動之分。選擇快樂不僅使自己快樂，而且還有積極的意義：因為我快樂，所以在任何事情上都會有成功之處；因為我快樂，就能很好地愛護周圍的一切；因為我快樂，就會擁有並感受著自然的溫暖；因為我快樂，就會……快樂是對我們生活中每天做的事情的有意義的選擇，因為某些我們不知道的原因，許多人選擇了與痛苦、沮喪、灰心做伴。

快樂不是因為我們得到了什麼才會出現，而是我們選擇了快樂，才會得到想要的東西。因此，為自己制定一個享受快樂的法則吧！珍惜每一天的陽光，每一個好日子，歡樂女神將會對你時時寵愛，經常光顧你的心靈小屋。敞開你的心扉迎接快樂吧，你的將來會更加絢麗多彩。

學著做個快樂的人，可從以下幾個方面著手。

1 別總盯住事情的消極面別總是對自己說：「我真倒楣，總被人家曲解、欺負。」把注意力盯在與別人友好和善上，把愉快、向上的事串聯起來，由一件想到另一件，你就可以逐步排遣自怨自艾或怨天尤人的情緒。

2 不要製造人際隔閡別人在背後說自己的壞話，或者輕視、怠慢自己，想想不是滋味，故以眼還眼，以牙還牙，結果你又多了一道人際屏障，多了一個生活的死對頭，那當然也使你整日誠惶誠恐，不知他在背後又要搞什麼。

3 學會躲避挫折遇到情緒扭不過來的時候，不妨暫時迴避一下，轉換轉換情緒。只要一曲音樂，便會將你帶到遐想的世界。這時，如果你能跟隨歡樂的歌曲哼起來，手腳拍打起來，無疑，你的心靈就會與音樂融化在純淨之中，從而獲得自己的音樂情趣。

4 切勿過於挑剔大凡樂觀的人往往是「憨厚」的人，而愁容滿面的人，總是那些不夠寬容的人。他們看不慣社會上的一切，希望人世間的一切都符合自己的理想模式，這才感到順心。生活的樂趣需要自己去體驗，懂得享受生活樂趣的人才是真正會生活的人。我們不論做什麼事情，其關鍵在於做事過程所得到的興趣，過程才是最重要的，因為樂趣就在這個過程之中。

掌握最有效的快樂花絮

當不快樂的時候，可以嘗試一下下面的快樂花絮，則會使我們迅速快樂起來。它們具有立竿見影的效果，是治療我們煩惱的良藥。

（1）凡事多往好處想，常回憶一些令我們愉快的事情。

（2）對自己的工作和生活進行妥當的安排，以使自己有餘地去實現。

（3）可以培養一些新的高尚的興趣，讓自己得到快樂，以使自己的生活得到緩解。

（4）學會利用自己一時的靈感，即潛意識，並嘗試實踐一下。

（5）常常製造生活中一些有興趣的小插曲，以保持生活的新鮮感。

（6）當自己不愉快的時候，找個適當的方式發洩或緩解一下。或者適度地去茶館或咖啡廳放鬆。

（7）可以暫時忘掉自己的工作，隨心所欲地放鬆。

(8)收集一些趣聞和笑話，並和別人分享一下。
(9)給自己安排郊遊，在旅行中會遇到一些新鮮的事物。
(10)偶爾全家去餐廳大吃一頓。
(11)看一些幽默的喜劇，讓自己得到快樂。
(12)學會製造一下浪漫，買禮物送給自己或家人，給家人一個驚喜。
(13)鬱悶的時候，和自己的親朋相聚一下。
(14)給自己來一個「大特赦」，想做什麼就做什麼。
(15)保持一個健康的體魄，身體是革命的本錢，它是快樂的前提和根本。
(16)別透支你的體力，保證自己能得到充分的休息。累則心煩，煩則生氣。
(17)經常運動運動，會使你得到調節，從而心情愉快。
(18)真正地去關懷你的親人、朋友、工作和四周細微的事物。對周圍的人懷有愛心，並使他們快樂，從而自己也會感到快樂。
(19)經常微笑，對別人友好，你將得到相同的回報。
(20)學會遺忘令你不快樂的事，不去想令你不開心的人。
(21)知足常樂，對生活抱以感激，珍惜現在的擁有，樂觀地面對一切。學會享受人生，別把時間浪費在不必要的憂慮上。
(22)致力於自己的工作，並從中找出快樂所在。

(23)常去做一些能夠容易到達的理想，並去做到。
(24)我們可以經常嘗試新的生活方式，體驗其中的快樂。
(25)每天抽出一點時間，給自己一個獨立的空間，並使心靈寧靜。

上面是一些有助於自身快樂的小花絮，有如治療憂鬱的「小偏方」，如果你照著做了，肯定會暫時得到快樂。不信那就試試吧！

快樂的十大智慧

快樂其實是一個簡單而又高深的話題，有的人只看到了表面上的嘻嘻哈哈，卻沒有看到或意識到快樂的真諦，其實，快樂既普通又神祕，只有智者才能徹底地享受到它。每個人都希望自己活得快樂一點，快樂得長久一些，但這是非常難做到的。下面有關快樂的智慧可讓你做到這一點。

1　快樂的第一個智慧——交際作為生活在群居社會中的人，就自然離不開同別人打交道。現在的社會沒有一個人會孤立地存在，學會和各種各樣的人搞好關係，可以帶給我們很多智慧。比如，親人之間的親密關係會使我們感到快樂；朋友之間的濃濃友情會使我們感到快樂；和同事們在一起為了同一個發展目標而奮鬥會感到工作的快樂。

2　快樂的第二個智慧——信心通常來說，自信的人有一種對事物的胸有成竹的把握感，有一種志在必得的滿足感，信心讓我們直達真理的方向。生活通常是充實而快樂的，而無暇顧及其他的消極因素，恐懼和焦慮都不會沾邊。

3

快樂的第三個智慧——態度態度具有很大的力量。快樂是我們的一種心態選擇，我們可以在任一時間、任一地點和任一狀況作出快樂的選擇，可以以一種積極的態度對待任何事物。所以，如果知道了這一點，就應該從任何一件事物身上尋找到快樂。當我們做事遇到阻力時，就應積極地找到它的一些積極因素，並想出能解決其的方法。

4

快樂的第四個智慧——現在過去的生活對於我們來說，已是昨日黃花，是好是壞已不重要，重要的是要抓住屬於我們的今天，過去是失落不悲傷，過去是輝煌也不沾沾自喜。對於我們最有意義的時光是現在，只要現在活得快樂就可以了。快樂不是必須花幾年、幾月、幾天得來的，它可以在今天的日子裡找到。所以，想要獲得一個完美的人生，只有好好地珍惜現在，快樂地過好每一個「現在」。現在可以讓我們忘記過去的一切恩恩怨怨，讓我們全副精力快樂地擁抱未來。對於我們來說，每天都是一個新的開始，都有一種新的生活。

從前有個富翁，他對自己窖藏的葡萄酒非常自豪。窖裡保留著只有他知道的一罈葡萄酒，某種場合才能喝的陳酒。一次，州府的總督登門拜訪。富翁提醒自己：「這罈酒不能僅僅為一個總督啟封。」

又一次，地區主教來看他，他自忖道：「不能開啟那罈酒。他不懂這種酒的價值，酒香也飄不進他的鼻孔。」還有一次，王子來訪，和他同進晚餐，但他想：「區區一個王子喝這種酒太過奢侈了。」甚至在他親侄子結婚那天，他還對自己說：「不行，接待這種客人，不能抬出這壇酒。」

許多年後，富翁死了，像每粒橡樹的果實一樣被埋進了地裡。下葬那一天，陳年酒罈和其他酒罈一起被搬了出來，左鄰右舍的農民把酒通通喝光了。誰也不知道這壇陳年老酒的久遠歷史。所以，我們要重視今天，只有今天才是我們真正擁有的時光。

5　快樂的第五個智慧——運動運動可以使大腦得到休息，讓我們緩解壓力，並能釋放出一種使我們快樂的化學物質「內啡肽」。小孩也是這樣，有句名言：不玩耍，聰明的孩子也變傻。就是這個道理。所以，要在吃飯、工作的間隙，最好能運動一下，這樣可以讓我們保持持久的精力，讓我們的大腦多分泌一些「內啡肽」。

6　快樂的第六個智慧——目標有目標的人就是有了希望的人，為了自己的希望會把自己的注意力全部集中到自己要做的目標上，在追求中充滿喜悅。目標讓我們在早晨有了早起的動力，目標讓我們的生活充實而有意義起來。

7　快樂的第七個智慧——幽默幽默就像潤滑劑，可以緩解我們的緊張，舒解我們的各種壓力，給我們創造快樂的感覺。俗話說：一笑泯千愁。幽默也是這樣，幽默可以將所有的不快化作一陣風飄然而去，在幽默的趣味中，能讓我們找到好的處理問題的方法，然後解決它。

8 快樂的第八個智慧——寬容如果我們對別人寬容一些，就會從別人的角度考慮問題，就能夠理解別人，甚至理解別人的缺陷；我們就不會有不滿和恨意，就能保持面對大風大浪也平靜的心理，寬恕自己，寬恕別人，我們心裡就會開朗快樂得多。

9 快樂的第九個智慧——分享與生俱來的萬貫家財，並不能讓你得到快樂，要學會互相分享，從中我們可以得到資訊，可以得到經驗，可以得到友誼。這樣不僅豐富提高了自己，也會使自己感到快樂。

10 快樂的第十個智慧——知足快樂與否與財富無關，在生活中要懂得知足，不要成為生活的奴隸，不為財富所累，不過於索取慾望，這樣，我們就能活得快樂一些。

讓快樂成為一種習慣

英國著名詩人羅伯特．路易士．史蒂文生曾說：「快樂的習慣使一個人不受——至少在很大程度上不受——外在條件的支配。」

心理學家加貝爾博士說過：「快樂純粹是內在的，它不是由於客體，而是由於觀念、思想和態度而產生的。不論環境如何，個人的活動能夠發展和指導這些觀念、思想和態度。」對於這個世界，沒有人會感到百分之百的滿意，也不會百分之百地感到快樂。

英國作家蕭伯納說過：「如果我們覺得不幸，可能會永遠不幸。」如果我們學會感恩，對生活中的一切懷有感恩的態度，我們就要憑藉腦袋和利用意志盡可能地去想和做一些快樂的事情，對於生活中令人不痛快的瑣碎小事和不和諧的氣氛就像蛛絲一樣輕輕抹掉，從而使我們迅速地快樂起來。

對於生活中的一些小事，動輒就苦悶煩惱，這主要與一個人的性格有關。這類人在生活中養成了憂愁的習慣，這種習慣性的煩惱大多因為太敏感所致。這種敏感是太在意自己的自尊心所引起的，比如，有一些人說話時會對別人插嘴而感到不快；一些人會因為請別人而別人卻沒有來而耿耿於懷；有一些人對於別人幾十分鐘的遲到也浮想聯翩，認為別人不可能來了，認為別人太不夠意思了而悶悶不樂。總之，生活中總有很多人為各種各樣的小事煩惱著。治療這種苦悶病最好的藥方就是糾正自己扭曲了的自尊心。在更多時候，我們應當正視自己的自尊心，即使是別人輕視我們，也不要太過在意。

因為，對於自己的重視莫過於自己，我們為什麼還要在意別人那一點點評價？只要我們的信心在，笑到最後的還不一定是誰呢！所以，這時我們仍要快樂起來，這是一種大度的快樂，是一種大智若愚，積聚力量，一鳴驚人，才是我們的追求。平時我們要養成快樂的習慣，讓自己變成一個快樂的主人，而不是一個情緒的奴隸。哪怕以後我們處在悲慘或極其不順利的境地時，也要儘量保持樂觀的情緒，縱然不能做到完全地快樂，也不要在不幸的生活傷口上撒一把鹽。

三十年河東，三十年河西，一切都會過去，生活總會對我們有所回報。千萬不要讓消極情緒打敗了自己，那樣很難使自己翻身，甚至是鬱鬱而終。生活給予我們的教訓實在是太多了，為什麼還要再經歷一遍別人做過的傻事呢？否則，我們豈不是更傻嗎？

詹姆斯說過：「我們所謂的災難很大程度上完全歸結於人們對現象採取的態度，受害者的內在態度只要從恐懼轉為奮鬥，壞事就往往會變成令人鼓舞的好事。在避免災難而未成功時，如果我們一直樂觀地忍受它，它的毒刺也往往會脫落，變成一株美麗的花。」人類不僅僅是為了自己的一日三餐而活，更是為崇高的理想而戰，奔向目標的你何必在意人生路上的淒風苦雨，心中裝著我們的目標就足夠了，何必再給自己背上心理的包袱呢？

第十章　積極培養人生的興趣──興趣使人快樂

興趣是人的一種心理需求，它成了我們生活中的調節劑，可以使人不斷探索自己所感興趣的事物，樂此不疲，並常常為此而廢寢忘食、它能夠讓人在享受物慾的同時，精神也得到很大的滿足，產生巨大的愉悅感。有興趣和愛好的人是快樂的人，做自己愛好的事情，則是最大的樂趣和享受了。

興趣使人生有了意義

古人曰：「人無癖不可交。」沒有興趣愛好的人，是不可交往的人。有興趣的人在一起，則可以共同分享快樂所在。所以，要培養自己的一些興趣，以充實和豐富我們的生活。否則，沒有興趣的人生，生活何其乏味！放下煩惱，遇見快樂的自己──獻給所有「心靈感冒」的都市人，如果一天到晚只奔波於家和單位之間，除了吃飯、工作和睡覺之外，只過那種兩點一線的生活，我們生活得是不是太過單調和乏味？興趣有如一道快樂的點心，是我們每一個人所需要的，它對我們的生活能夠起到一種有效的調劑作用。人生如果沒有了興趣，就會缺少那份超越物質的享受，有了興趣就有了激情、熱忱和創新。興趣能使不同的人走到一起，使人與人之間的心靈更容易協商和溝通。

一個人一生的追求可能源於自己的興趣，由於興趣，人生才充滿歡樂，才得以充實而有意義。人的興趣雅好有時能夠顯示出一個人的身分、地位和財富。例如，如果有人喜歡打高爾夫球，則會顯出他的財富。如果有人喜歡收藏古董或古錢幣，這不僅能顯出他的財富意識，而且還能顯示他淵博的文化藝術修養。有了興趣，才能有信仰。甚至有時候，我們羨慕別人在某個領域的貢獻和成就，於是自己產生了心的嚮往，也能培養出那方面的興趣，甚至也能成就別人那樣的業績。

另外，一些有心人能夠從興趣中發展自己的專長，不但滿足了自己的興趣，而且造福了人類，為人類作出了貢獻。做什麼都不能走極端，對待興趣也是這樣。不管你的興趣基於什麼原因，我們不能培養不良的興趣，有的人嗜酒如命，有的人對吸毒有著強烈的好奇心，有的人陷入狂賭中不能自拔。與其說這是一種興趣，不如說這是一種弊病或玩物喪志。而且，行使自己的興趣不能以危害他人的利益為前提，比如，有的人以破壞為樂趣，其實這算不得什麼興趣，只能說是一種惡行罷了。有的老年人甚至把興趣發揚光大，做出了一些有價值的事情，讓全社會的人因此受益，他們的人生重新煥發出了光彩。

興趣最積極的意義便是可以開發我們的無限潛能，是我們日常生活的寄託和調劑。一個人如果從事了自己感興趣的事情，則是一種幸運。即使我們從事的不是自己所喜好的，也要積極起來，主動尋找工作的興趣所在，樂在工作中，樂在生活中。

我運動，我快樂

俗話說：運動是生命的馬達。運動可以使我們得到鍛鍊和調節，可以使我們保持一個健康的身體，還可以分泌出「快樂素」，讓自己感到快樂。在工作中的每個人都有疲倦和提不起精神的時候，這時就是需要休息的時候。一般來說，我們可以到戶外散散步、打打球，去一下健身房或者洗個澡，這樣能給我們帶來輕鬆的享受。從醫學角度講，運動不僅能促進全身的血液迴圈，還可以提高我們的心肺功能，重要的是它促使人體分泌「腦內嗎啡」。

「腦內嗎啡」是我們人體中可支配心理和行為的啡肽類物質，它的魔力在於，能夠起到振奮人心的作用，被科學家們稱為「快樂素」。因為它使我們產生愉快的感覺，有助於人們的心理健康，讓人們能夠快樂。這種被稱作「快樂素」的東西，在人們的大腦中只能存在兩三天，即我們只能享受兩三天的快樂日子。如果經常堅持鍛鍊的話，大約在半年的時間，大腦中就會分泌內啡肽，一旦停止運動，這種內啡肽就會慢慢停止分泌，幾天後就不存在了。

另外，科學家們還發現了另一種「快樂素」——它在血管中，好像一個垃圾清掃工，能夠清除血管壁上附著的東西，使血管更暢通，更富有彈性，確保大腦足夠的血液供應，以保持精神充足。其實，能夠讓人產生快樂的，不僅限於這兩種物質，另外，還有各種「荷爾蒙」，像腎上腺素，腦磷酸等。以上這些都叫「腦內嗎啡」。能夠讓人感到快樂的荷爾蒙大約有20種，其作用方式程度不同，但是藥理功能卻是大致相同的。其中最能引起強烈快樂感的荷爾蒙是B內啡呔，快感效力是毒品嗎啡的五六倍。

經常性的體育運動能夠促使人體產生「腦內嗎啡」，另外，一些積極的行為也會誘發腦內嗎啡，比如，凡事向前看，必有好結果，做事有信心，有希望，事情總往好的方面去想等。總而言之，腦內嗎啡對我們的生理和心理健康都十分重要，長時期的體育鍛鍊，使我們大腦中的腦內嗎啡源源不斷地產生出來，這種物質能夠減輕我們的壓力，從而使我們得到更多的快樂。運動可使你的身體恢復活力，是消除全身緊張最有效的方法。這是心理學家們所認同的，對安定疲勞的神經有很好的效果。

由此，我們可以選擇一種適合自己的運動，使之成為生活中的一部分，關鍵的是，在運動中放鬆心情，達到休息調節的目的。當然，我們畢竟不是運動員，也不參加什麼比賽，我們運動，只要達到身心放鬆、增加愉悅的目的就可以了。否則，就可能因為運動中的一點小小的失敗，產生一些不快樂的感覺，這就失去了休閒的意義，這是不可取的。

任何一項活動，它的目的都是在於活動的過程，在於其中的快樂。富有刺激或技巧的運動當然可以從事，但不要過於計較得失，如果把它當作生活的一種競爭，又極可能導致我們情緒緊張和精神疲勞的來源，違背了運動的初衷。最後，還要注意運動中的身體力行和均衡問題，這樣可以保持我們快樂的情緒。

工作並快樂著

一個人如果把自己喜歡的並且樂在其中的工作當成使命來做，工作就成了「享樂」，就能充分發掘出自己的潛力。在完成使命的同時，你會發現成功之芽正在萌發。其實，如果我們能保持一種積極的心態，即使是辛苦枯燥的工作，也能從中感受到快樂的價值。

俗話說：不玩耍，聰明的孩子也變傻。對於成人來說，娛樂同樣是一件非常重要的事情。如果能在工作中找到樂趣，就會輕鬆愉快地做工作，那麼，人們怎樣才能在工作中找到樂趣呢？有的人一想到工作，立刻如臨大敵，好像一個被迫著做家庭作業的孩子，雖然在做著工作，可是心思卻是被動、極不情願的，效率和成果也就談不上了。

與其說工作就是一場戰鬥，不如說工作是一種快樂的生活更實在一些，因為戰鬥意味著拼殺，工作不應是這樣，工作應從從容容、快快樂樂地去做。不同的人對工作有不同的感受，有的人把工作當成戰鬥，有的人視工作為一種快樂，有的人卻視工作為累贅。把工作當成累贅的人，總想避重就輕地做事情，不可能在工作中取得很大成就。把工作當成戰鬥的人，活得確實夠累的。只有把工作當成樂趣的人，把工作當成了一種享受和快樂，總想多做一些工作，工作中不斷創新，不斷突破，甚至忘記了自己，屬於他們的成果堆積如山。

其實，建議人們不妨把工作當成一場有趣的球賽，或者是一頓豐盛的晚餐，說不定會帶給自己意想不到的效果。很多明智的人都認為工作的最高境界就是一種享樂，又有一些人的觀點更驚人：工作就是玩。生活中，我們總能看到一些人對工作忘情地投入，那種情形看了，著實令人羨慕。在我們的周圍，總可以看到一些人工作忙忙碌碌，手忙腳亂，總是被動地做著一切。這種工作狀態下的人是不會體會到工作的快樂的。只有那些在工作中專心投入、輕鬆愉快而充滿無窮探索的人才是工作的主人，他們才能感到人生真正的喜悅。人人都希望自己擁有一個美好而溫馨的生活，快樂地工作就是幸福生活的一部分內容。

但凡成功的人都是從工作的傑出中走出來的，他們的成功之路，就是一條充滿快樂的人生征途。哪怕是吃著黃連唱著歌——以苦為樂，他們從不沮喪和自暴自棄，為了成功，他們全力以赴，快樂地工作著。雖然，並不是所有的道路一定都充滿著鮮花，但愉悅的工作可以使我們學會很多東西。追求工作的快樂其實就是追求幸福快樂的過程，走的路多了，總有一條路上充滿著鮮花，通向輝煌。一個人如果能從工作中獲得快樂，那麼他就不會感到工作的苦，就可能會使他成為一名技術高手，可能會使他成為一名德高望重的工程師，可能會使他成為一位力挽狂瀾的經營大師。

其實，哪怕是一份簡單平庸的工作，也能給我們帶來快樂，也能增加我們的威望和財富。

現在，很多企業的文化中心都是提倡「工作就是快樂」的理念，這是一種高明的文化理念。員工如果能從工作中得到樂趣，就會主動工作，就會為企業創造大量的效益。對員工來說，工作的愉快感受就會給我們提供綿綿不絕的動力，從而大大激發我們的潛力。社會學家瓦那梅克先生早就忠告過我們：在他看來，一個人除非對他的工作、他的未來懷有積極進取的願望，並樂意地去做，否則他肯定是做不出什麼成就的，事實上，如果你妥善而積極地進取，你的身上往往就會產生十分驚人的力量。

當我們明白從任何事件和遭遇中都可以發掘快樂，都可以提升自我的道理時，我們的工作便都是享樂。人生只有區區幾十年，不論自己從事什麼，擔任什麼職位，只有在有生之年，盡職盡責，盡心盡力地工作著，就是件十分幸福快樂的事情。總之，我們感到工作快樂的本質都是一樣的，只是不同人的態度導致對工作不同的感受，所以態度是最重要的。員工的言談舉止，是組織流動的廣告，它無時不體現組織的管理、培訓、服務及文化理念。快樂工作是一份責任心，是送給上司的一份最好的禮物。

最後，工作的快樂不是能刻意尋找的，重要的是自己要培養感受工作的習慣，不管做什麼，都有快樂在其中飛揚，如果你在工作中能夠找到快樂，就能達到工作的新境界，在這個領域就一定能有自己的一席之地，這也是工作的最高境界。

做自己喜歡做的事情

你不要走一條被大眾認為正確或所謂有價值的路，要堅持走自己想走、自己愛走、自己夢想的路。這樣，自己對選定的路無怨無悔，在充滿快樂和樂趣的同時，還會一往無前地執著走到底。

金融家羅伊先生的兒子雷特，從小就在許多方面表現出不同尋常的天賦。在慶祝雷特6歲榮獲兒童繪畫大獎時，羅伊先生問兒子：「長大以後你希望做什麼？」小雷特張開塞滿甜點的嘴嘟嚕道：「我想當個糕點師，給您做最棒的布朗尼蛋糕。」當時，羅伊先生並沒有把兒子的話當真。

小雷特高中畢業時，羅伊先生把搜集來的許多報考大學的資料交給兒子，讓他自己做出選擇。可是，雷特對那些優秀的高等學府不屑一顧，他說：「我要報考烹飪學院，以後當一名很棒很棒的糕點師。」這麼優秀的兒子竟然真的想當糕點師，這讓羅伊先生心裡很不是滋味。不久，雷特報考了3所烹飪學院，竟意外地無一考取。雷特傷心過後，又主動向父親要回那些曾被自己推掉的優秀高等學府資料。

幾年後，雷特以優異的成績從大學畢業，進了父親的公司工作。雷特很快憑著自己的才華在金融界嶄露頭角，這正如羅伊先生所願。然而，兒子身上卻有著某種憂鬱，這讓他一直困惑不解。

某天深夜，羅伊先生發現廚房裡透出燈光，便躡手躡腳走過去。他看見雷特正專心致志地將一些奶油、巧克力、香草精、新鮮雞蛋分類化開、混合，又將麵粉和泡打粉一起攪拌均勻，然後倒入模具放進電烤箱。

「嗨，你在幹什麼？」羅伊先生好奇地問。雷特臉上洋溢著得意的笑容回答：「我在給您做布朗尼蛋糕。」這燦爛的笑容，只在兒子當年想當糕點師時才有過，父親已經很久不曾看見了。

羅伊先生眼睛濕潤了，他很認真地問雷特：「這麼多年，你工作得並不快樂，對不對？」雷特答非所問：「可是我一直做得很出色啊！」

羅伊先生咬了一口剛烤好的蛋糕，說：「我一直為有一個出色的兒子而自豪，可是現在我才發現，原來擁有一個快樂的兒子更重要。」說完，羅伊先生從保險櫃裡拿出雷特當年考取烹飪學院的成績單，全是優秀記錄。原來，當時他用金錢買斷了這些事實。

幾天後，雷特宣布辭去公司所有職務，羅伊先生也向朋友們發出晚會邀請，他微笑著當眾宣布：「今天請諸位來，是慶祝我兒子雷特正式經營一家糕點店，因為他一直想做一個快樂的糕點師，他一定能做出世界上最棒的布朗尼蛋糕。」

如果你一不小心打開了一扇成功的大門，同時關閉了自己的快樂之門，那麼，你不需要考慮，要及時地抽身而出，去做令自己真正快樂的事情，因為有時快樂比成功更重要。對年輕人來說，一旦選擇了自己感興趣的工作，做起來會特別賣力氣，精力充沛，意氣風發，即使是難一點的工作也能愉快地勝任。但現在有很多年輕人沒有意識到這一點，他們往往做著在別人看來是體面的工作，而不考慮自己是否感興趣，是否快樂。

如果你在做著自己不喜歡的工作，而又沒有機會做喜歡的事情，那就不必逃避，不妨試著去熱愛。正如成功學家卡內基所說的：「如果上帝給你一個檸檬，你就做一杯檸檬汁吧。」這種超然的態度往往會使你能做出一番成績。

總之，如果你喜歡一件工作或事情，就應該把它當成自己的愛好，並在其中找到自己的樂趣所在，這樣，你會感覺到工作的快樂和幸福。所以，無論做什麼工作或事情，都不要太在乎別人的眼光，別人的觀點和看法，並不適合於你，重要的是它能給自己精神上的愉悅。

將愛好做到極致

人人都有自己的愛好，但很多人的愛好都是「二把手」，都只是成為消遣的工具。其實，人生最大的樂事就是把愛好發揚光大，既在愛好中獲得快樂，又能體會成功後的巨大快樂，可謂「雙喜臨門」。

有一位父親，勤勤懇懇，開了一家紅紅火火的洗衣店。他把兒子叫到店裡工作，讓他勤勞工作，並對顧客熱情細緻，以希望他將來能夠接管這個洗衣店。但兒子非常厭惡洗衣的工作，總是懶懶散散，精神萎靡不振，每天只是強迫自己做些不得不做的工作，而且常常「開小差」，甚至父親一不在店裡的時候就想著開溜。

父親常常勃然大怒，經常斥責兒子，習以為常後，又感覺傷心，認為養了一個不爭氣的兒子，讓自己在員工面前深感丟臉。其實，兒子非常喜歡機械方面的工作，但拗不過父親的渴望，為了不讓父親失望，被動去做洗衣工作的。

做了一段時間後，他感覺比想像得還要糟糕，由於常常「心不在焉」，悶悶不樂，導致經常出錯。終於，他受不了這種工作了，一天，他向父親「攤牌」：「爸爸，我希望自己到一家機械廠工作。」

「什麼？半途而廢？拿自己的人生開玩笑？」父親倍感驚訝，非常生氣，苦惱勸說也無濟於事，最後無奈之下，只好「由他去吧」。

兒子找到一家機械廠，換上油油膩膩的工作服，從事比洗衣更辛苦的工作，而且工作時間更長，但他感覺非常快樂，甚至在工作中常常吹起口哨來。為了提高自己，他選修工程學，研究引擎，裝置機械……由於他的熱愛和不斷提高自己，在第二次世界大戰期間，製造出「空中飛行堡壘」轟炸機，有效地打擊了納粹勢力，幫助盟國軍隊贏得了世界大戰。在 1994 年去世前，他已是波音公司的總裁。他就是大名鼎鼎的菲爾．強森。

試想一下，菲爾．強森以前如果留在洗衣店不離開，他就會工作鬱悶，沒有快樂可言。等到父親死後，很可能就把洗衣店給毀了，最終由於破產而一無所有，根本就不會有後來的貢獻和成就。每個人都有自己的愛好，甚至都有自己的「三板斧」，在關鍵時刻都可以「露兩手」，贏得一片喝彩。

其實，大部分人也只是到此為止，很少有人將自己的愛好做到極致，愛好成了自我安慰和消遣的工具。其實，從事愛好不僅需要有足夠的耐力和恆心，還要在愛好中運用思考，勤於探索，創造性地突破。這樣可以將愛好變成自己的發明、發現，轉換成強大的生產力，為社會作出貢獻。既收穫了樂趣，又成就了自己。

在社會中，也有一些人癡迷於愛好，在愛好中孜孜以求，樂在其中，終將做到極致。從事機械修理的萊特兄弟將愛好付諸實現，發明了飛機，為人類征服了天空作出了極大的貢獻；愛因斯坦不僅科技成果斐然，而且他的小提琴演奏水準也到達了爐火純青的地步；喜歡小蟲子的達爾文將愛好當成事業，長期實踐，終於寫出《進化論》……所以，我們樂在自己的愛好中固然不錯，何不想著「百尺竿頭，更進一步」呢？或許，它能成為你一生的成就。

快樂測試

一、你是否是一個快樂的人生活中的你是否是一個快樂的人，下面的測試將會給你答案。

1　你對每天的生活感受是：

A　完全沒有靜下來的一刻

B　透支了，但仍有少量時間可以安靜和休息

C　娛樂、工作與休息並重

2　朋友如果請你做一件你十分喜歡做的事情，但你將要去時仍有很多工作還沒處理完，你會：

A　先口頭答應，然後已決定要先做完工作才去，並預備遲到

B　謝絕朋友的邀請，情願完成工作也不去

C　先放下手頭的工作，趕快去做自己喜歡的事情

3　鏡子中的你是一個什麼人？

A　我不會照鏡子，不想看到自己的模樣

B　一個十分普通的人

C　一個充滿自信和活力的人

4　你上一次開懷大笑是什麼時候？

A　一個月以上的時間沒有開懷大笑了

B　兩三個星期前

C　每時每刻都可以找到一些令我發笑的事情

5　每天早晨起床後，你會自然而然地：

A　對當天將要發生的事情很憂慮

B　希望自己不會遇到當天不想發生的事

C　快樂地迎接當天發生的事情

6 假如病後的你在家務上需要額外的協助，你會：

A 自己克服忍受

B 找其他專業人士協助

C 找親朋好友協助

7 當你單獨一個人時，你會：

A 我沒有這些機會，對於這段時間不知如何是好

B 雖然機會不多，但會好好珍惜

C 我十分珍惜這段時間，也會爭取獨處的機會

8 你對「快樂人」的理解是：

A 我不相信在現實生活中有「快樂人」

B 我算不上快樂，但我有些好朋友是符合的

C 就像我一般，充滿活力、愉快、自信、堅強及有洞悉力的人

9 你上一次輕鬆的時候是：

A 很少發生，哪有時間做這些奢侈的事呢

B 一個月以上沒有發生了

C 剛發生不久，仍記憶猶新

10 你有輕微的感冒，你會立刻想到：

A　成天都病，真沒勁

B　如果沒有病就好啦

C　幸好只是感冒，相信會很快康復的

答案：

（1）如果你選的A多：在快樂生活的道路上，你只是剛剛開始！生活中的你可能對人或物太敏感、太認真、太嚴肅或太循規蹈矩了，以致你很少有「快樂」的感覺。不妨忙裡偷閒，允許自己輕鬆一下，放低一些責任，為自己建立一些興趣和娛樂，還要記著：讓自己多笑些！

（2）如果你選的B多：你是否是一個快樂的人？你有很好的潛力，只要去做，生活就是有生活的快樂收穫。每天加添一些生活趣味及美好的回憶。所以只要你有決心去追尋這些愉快的生活，你一定可以做到的，其實你已曉得欣賞生活及對自己有正面的評價，並常將「快樂人」的態度放在生活的首位。

（3）如果你選的C多：恭喜你！你是一名真正的「快樂人」，你有自己的生活樂趣，遇事也樂觀。不論你在哪裡，都能把自己的樂觀「傳染」給別人。你尊重自己及別人，也在適當的時間去表現自己，但不浮誇，因為你本質是善良及慷慨的。你會愛惜、安慰及鼓勵自己，令生活充滿快樂。

二、人際關係決定你的快樂

所謂「人際關係」，即是指同親人、群眾、領導、同事和朋友的關係，人際關係處理好了，你的生活會感到順利、快樂。那麼，你的人際關係到底處理得如何？

透過下面的測試，會給你一個結果。

1　有一個朋友向你吐露了一件極有趣的個人問題，你通常會：

A　保密，不把這件事再告訴別人

B　視情況而定是否要告訴別人

C　不加任何考慮，就把這件事告訴了別人

2　你選擇什麼樣的人作為你的朋友？

A　你幾乎能和任何人談得來

B　興趣、愛好不相同的人偶爾也能談談

C　你只同與你趣味相同的人友好交往

3　對於同事們的惡作劇，你會：

A　和同事們一起分享而大笑

B　要看當時的心情和環境如何，或和他們一起大笑，或生氣並憤怒

C　感到生氣並憤怒

4　同事間發生了矛盾，你怎麼辦？

A　設法調解、緩和
B　由它去，不介入
C　喜歡打聽並添油加醋地傳播

5　每天上班前，對於打掃衛生、打開水等瑣事，你會：
A　主動去做
B　輪流去做
C　想不到做

6　你最近的新朋友，你們是怎麼走到一起的？
A　你發覺這些朋友很有樂趣，令人愉快
B　他們喜歡你
C　為了自己的利益，不得不結交

7　當你的朋友有困難時，他們會向你求助嗎？
A　他們願意來找你請求幫助
B　只有與你關係密切的少數朋友才來向你求助
C　他們不願意來麻煩你

8　你如何對待別人的優缺點？
A　我既不吹捧奉承，也不求全責備他們

B　我相信真誠，所以對於我看不慣的缺點，不得不指出
C　我喜歡讚揚別人的優點，缺點則儘量迴避

9　你能在假期裡交到新朋友嗎？
A　通常很容易就交到了朋友
B　喜歡獨自一個人消磨時間
C　希望交到朋友，可是往往很難做到

10　假如你有個約會，可是當時你卻疲憊不堪，你會：
A　去赴約，並且儘量顯得高興
B　去赴約，但問對方如果你早些回家的話，他是否會介意
C　不赴約了，希望對方會諒解你答案

A：3分，B：2分，C：1分
得分為25分以上：你的人緣很好；
得分為15～25分：你的人緣還算可以；
得分為15分以下：你是一個不大合群的人，如果你確實想把自己的人緣弄得好一點，就需要改善一下你同周圍人們的關係了。

三、**你的快樂程度一般說來，外向樂觀比內向悲觀的人快樂**。

你想知道自己是否外向樂觀嗎？試做以下的測試。

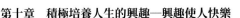

第一步你通常的行為與感受相吻合嗎？　是／否

1　你會主動交新朋友嗎？
2　你是否傾向行動快捷和有自信？
3　你覺得自己是一個活潑的人嗎？
4　當你不能參與許多社交活動時，你會覺得不開心嗎？
5　你是否寧願馬上行動而不想好好計畫如何行動？
6　當你參與一個需要快速行動的計畫時，是否感到快樂？

計分：回答「是」的題目越多，表示你越快樂。

第二步根據以下題目，

以數位4（非常同意）、3（同意）、2（中立）、1（不同意）或0（極不同意）來表示你對每道題目的認同程度。

1　我不容易感到難過。
2　我相信在逆境中總會有希望。
3　我很少期望會有好的事情發生在我身上。
4　對我來說，維持忙碌是很重要的。
5　我很少期望事情會變得順利。
6　事情從不如我所願般進展。

7　在不安定的日子裡，我通常會向最好的方面想。
8　我容易放鬆。
9　如果事情有可能出錯，它必會出錯。
10　我經常向好的方面看事情。
11　我對將來經常保持樂觀。
12　我和朋友相聚非常開心。

計分方法：

（1）先不用理會第2、6、7和10題的答案。
（2）第3、8、9和12題，需要把答案的數位相反計分。即：答4得0分；答3得1分；答2得2分；答1得3分。其餘按數字計分。把1、4、5和11題的分數加起，最後把（2）+（1）的分數相加得出總分。

你的總分顯示：25～32分——樂觀程度高。18～24分——樂觀程度中等。0～17分——樂觀程度較低。

四、你的快樂感

1　每天醒來：

A　我都感到刺激，雀躍地開始新的一天

B　咒罵討厭的鬧鐘，害怕面對煩惱的一天
C　需要一段時間掙扎起床，雖然仍感到疲憊，但明白必須面對新的一天

2　當我與朋友一起時：
A　經常擔心，究竟他們是否像我喜歡他們一樣喜歡我
B　感到嫉妒他們
C　經常情緒高漲，沒有什麼可顧慮的

3　我感到我的父母：
A　非常尊重我，深感他們愛我特別深
B　未能給予我需要的關心
C　還行，雖然他們有時對我過分緊張

4　聯想到學校：
A　我會感到身體不適，總渴望能逃避上課
B　我深知這對我的前途非常重要，所以我對繁重的功課並不介意
C　我一點也不介意，反之，我非常熱愛

5　通常我的健康是：
A　當有流行疾病發生時，我都會是下一位受害者
B　我偶爾會病倒，但通常都在我身體較弱時

C　我的父母標榜我是「超人」，我不會病倒的

6　假如有人嘗試鼓動我去做一些我不喜歡做的事：

A　我知道我會與他對立的

B　我會逆來順受，避免與人衝突

C　我並不清楚我會怎樣做

7　照鏡子時：

A　我會看到自己的優點，但必須在很多缺點出現之後

B　我想：「為什麼我總不及其他人？」

C　我從不自怨自艾，我喜歡我的一切

8　開學上課後，我的生活是：

A　非常繁忙，因此我很少有悠閒的一刻

B　我一直渴望追求的，是能有大量時間享受我喜愛的事物

C　每天都是一模一樣，沒有什麼特別

9　情緒低落時：

A　我並不憂心，我相信這很快便能度過

B　我感到無法平息，令我更加低落

C　我並不刻意擔心，但有時我仍感悲哀

10 與他人比較時，我會說：

A 我完全比不上他的

B 我跟任何人一樣

C 我深信我是與別人不同的，我是比別人突出的按照你最真實的情況作選擇。

評價你是否快樂的方法也十分簡便：三項選擇中，最消極或最差的那項為0分，最積極或最好的那項為2分，中間狀態為1分。

假如你的總分低於10分，你該想想為什麼你不快樂？

假如總分低於5分，建議你趕緊去找心理諮商師。

後記

始終行駛在快樂的軌道上

通覽本書，說出了一個人人都面臨的簡單而又複雜的問題：如何才能過快樂的生活？看了這本書的讀者們，相信現在都可以得到快樂，但要長期的快樂，甚至快樂一輩子，恐怕有些難度。要想達到長期的快樂，其實也不難：除了仔細閱讀本書之外，重點注意以下幾點，且將它們上升為自己的生活準則，就能在生活中永保快樂、幸福。

（1）解鈴還須繫鈴人。自己的不快樂其實是由自己造成的，只有自己才能拯救自己，才能使自己脫離生活的苦惱。我們要善於發現我們生活不快樂的本質是什麼，找出相關的原因，提高自己的認識，積極地從不快樂中走出來。

（2）心病還須心藥醫。鬱悶和憂愁等不快樂情緒是一種「心病」，當然還需要從心理上治療。心理上的問題解除了，自然就快樂了。

（3）快樂是一種心境。要想快樂，就必須認識快樂。快樂就是一種心境，它和貧富並不是因果關係。其實，快樂與否，完全由自己的心境所致，這僅與自己的心情有關，這種心情只不過存在主動和被動之說。

（4）快樂是一種選擇。生活中有煩惱，也有快樂，也有悲傷……當然，我們要做自己的主人，選擇快樂，只有傻瓜才會選擇煩惱。在生活中，我們常常身不由己地陷入低落的情緒之中，為什麼呢？這是因為我們不能掌握自己情緒，而被外界的因素牽著鼻子走的緣故。所以，我們要主動掌握自己的情緒，選擇快樂這種有益的情緒。總之，沒有自己的允許，誰也無法令你不快樂。

（5）學會轉換自己的情緒。當遇到不友好或尷尬的境況時，不要被自己的劣勢控制。我們要把人生的劣勢和低谷看成一種人生常態，重要的是，要學會立刻將不好的情緒轉換為快樂的情緒，保持樂觀，在低谷中積極地走出來。

（6）致力於一項自己喜愛的事業，並投入其中，你肯定能從中獲得人生的愉快。

總之，你的快樂掌握在你自己的手中，用憂慮和煩惱套住你的只能是你自己，解鈴還須繫鈴人。從根本上說，只有自己才能使自己真正快樂起來。

後記

電子書購買　爽讀 APP

國家圖書館出版品預行編目資料

叮咚！您的笑容快遞已抵達：從日常習慣到性格養成，迎接積極人生的十步法則 / 陳德軍 編著 . -- 第一版 . -- 臺北市：沐燁文化事業有限公司 , 2024.08
面；　公分
POD 版
ISBN 978-626-7372-90-6(平裝)
1.CST: 情緒管理
176.52　113010702

叮咚！您的笑容快遞已抵達：從日常習慣到性格養成，迎接積極人生的十步法則

臉書

編　　著：陳德軍
發 行 人：黃振庭
出 版 者：沐燁文化事業有限公司
發 行 者：沐燁文化事業有限公司
E-mail：sonbookservice@gmail.com
粉 絲 頁：https://www.facebook.com/sonbookss/
網　　址：https://sonbook.net/
地　　址：台北市中正區重慶南路一段 61 號 8 樓
8F., No.61, Sec. 1, Chongqing S. Rd., Zhongzheng Dist., Taipei City 100, Taiwan
電　　話：(02) 2370-3310　　傳　　真：(02) 2388-1990
印　　刷：京峯數位服務有限公司
律師顧問：廣華律師事務所 張珮琦律師

定　　價：375 元
發行日期：2024 年 08 月第一版
◎本書以 POD 印製